U0603483

本书由中国博物馆协会与腾讯基金会"腾博基金"资助

大美于斯 共享和合

The Pursuit of
Profound Beauty,
the Sharing of Harmony

辽宁省博物馆
"和合中国展"
策展笔记

刘 宁 著

ZHEJIANG UNIVERSITY PRESS
浙江大学出版社
·杭州·

图书在版编目（CIP）数据

大美于斯　共享和合 ：辽宁省博物馆"和合中国展
"策展笔记 / 刘宁著 . -- 杭州 ：浙江大学出版社，
2024. 11. --（中国博物馆陈列展览精品·策展笔记）.
ISBN 978-7-308-25229-4

Ⅰ . G269.273.11

中国国家版本馆 CIP 数据核字第 2024S7H179 号

大美于斯　共享和合

辽宁省博物馆"和合中国展"策展笔记

刘　宁　著

出 品 人	褚超孚
策划编辑	张　琛　陈佩钰　吴伟伟
责任编辑	宁　檬
责任校对	黄梦瑶
美术编辑	程　晨
出版发行	浙江大学出版社
	（杭州市天目山路148号　　邮政编码：310007）
	（网址：http://www.zjupress.com）
排　　版	浙江大千时代文化传媒有限公司
印　　刷	杭州捷派印务有限公司
开　　本	710mm×1000mm　1/16
印　　张	17.75
字　　数	260千
版 印 次	2024年11月第1版　2024年11月第1次印刷
书　　号	ISBN 978-7-308-25229-4
定　　价	88.00元

总　序

在社会主义文化强国建设的进程中，博物馆扮演着中华文明优秀成果守护者、传承者与传播者的重要角色。作为博物馆教育与传播的核心媒介，陈列展览成为博物馆守护文化遗产、传承中华文明、讲好中国故事的关键工作。好的陈列展览离不开好的策展工作。策展是构建陈列展览的过程，是通过逻辑和观念的表达，阐释文物藏品的多元价值，构建公众与遗产之间的对话空间，激发广泛社会价值与文化价值的思维和组织活动。博物馆策展的理论与实践水平，很大程度决定了陈列展览的思想境界、文化内涵、艺术品位与传播影响。因此，博物馆策展的学术研究和业务能力建设是提高博物馆陈列展览工作业务水平和影响效果的重要途径；某种意义上，也是促进我国博物馆事业高质量发展的关键所在。

"中国博物馆陈列展览精品·策展笔记"丛书的出版，正是源于对上述问题的思考。作为我国博物馆行业发展的协调者与促进者，中国博物馆协会长期致力于博物馆展陈质量建设和策展能力提升。在持续不断的摸索和实践中，许多博物馆同仁建议我们依托"全国博物馆十大陈列展览精品推介活动"，围绕一批业内公认的具有较大影响力与鲜明特色的获奖展览项目，邀请策展团队，形成有关策展过程和方法的出版物。在不断的讨论中，我们逐渐明确：这种基于展览策划的出版物，显然不同于博物馆中常见的对于展览内容及重点文物介绍的"展览图录"，而更适合被称为"策展笔记"。

所谓"策展笔记"，一方面，要聚焦"策展"的行动内容，也就是要透过展览看幕后，核心内容是展览从无到有的建设过程，尤其要重点讲述展览选题、前期研究、团队组建、框架构思、展品组织、形式设定、艺术表达、布展制作等当代博物馆展览策划的核心流程及相关体会。另一方面，要突出"笔记"的内涵风格。如果与记录考古工作的过程、方法与认识的"考古报告"相类比的话，"策展笔记"则是对陈列展览的策展过程、方法与认识的重点记录。与此同时，作为与"随笔""札记"等相似的"笔记"文体，也应带有比较强烈的主观性、灵活性和较高的自由度，宜以第一人称的口吻展开，重在呈现策展的心路历程与思考感悟，而不苛求内容体系的完整性与系统性；重在提炼策展的经验、理念、亮点，讲好值得分享的策展专业理论、专业精神、专业态度和专业手法等。我们相信，这样的"策展笔记"，不但可以作为文博行业了解我国文博系统优秀展览的"资料工具书"，也可以作为展陈从业者策展创新借鉴的"实践参考书"，还可以作为普通大众的"观展指南书"，帮助他们了解博物馆幕后工作，更好领略博物馆展陈之美。

丛书第一辑收集了 2019—2021 年度全国博物馆十大陈列展览精品推介的代表性获奖项目，覆盖全国不同地域，涵盖考古、历史、革命纪念等不同类型。由于缺乏经验借鉴，加之展览类型的多元性、编写人员构成的差异性等，在撰稿与统稿过程中，我们遇到了远超预期的挑战。这些挑战包括但不限于：如何平衡丛书的整体风格与单册图书的个体特色；如何兼顾写作内容的专业性特质与写作表达的大众性要求；如何将策展实践中的"现象描述"转化为策展理念的"机制提炼"，充分体现策展的创新点和价值点；如何实现从"报告思维"向"叙事思维"的转型，生动讲述策展的动人细节；如何在分析个案内容的同时对行业的普遍性、典型问题进行有效回应，发挥好优秀展览的示范作用；如何解决多人撰写所产生的文风不统一问题，提高统稿工作的质量和效率；等等。幸运的是，在各馆撰稿团队的积极配合下，在专家的有力指导下，我们通过设定指导性原则、确定写作指南、优化统稿与编审机制等途径，一定程度克服了上述挑战难题，基本完成了预期目标。

　　这套丛书的问世，离不开撰稿人、专家和编辑的辛勤劳动。我们衷心感谢北京鲁迅博物馆（北京新文化运动纪念馆）、中国人民革命军事博物馆、山西博物院、吴中博物馆、扬州中国大运河博物馆、杭州市萧山跨湖桥遗址博物馆、山东博物馆、湖北省博物馆、盘龙城遗址博物院、成都武侯祠博物馆、陕西历史博物馆、秦始皇帝陵博物院、和田地区博物馆等博物馆策展团队撰稿人的精彩文本。同时，我们衷心感谢南京博物院理事长、名誉院长龚良，复旦大学文物与博物馆学系主任陆建松，浙江大学艺术与考古学院教授严建强，北京大学考古文博学院教授宋向光，上海大学现代城市展陈设计研究院执行院长李黎，西安国家版本馆（中国国家版本馆西安分馆）副馆长董理，清华大学美术学院副教授李德庚等多位学者、专家的认真审读与宝贵的修改建议。感谢浙江大学出版社董事长、党委书记、总编辑褚超孚，以及社科出版中心编辑团队的细致审校和精心编辑，他们的工作为丛书的顺利出版提供了坚实的保障。浙江大学艺术与考古学院"百人计划"研究员毛若寒博士在这套丛书的方案策划、组织联络、出版推进等方面，用力尤勤，付出良多。此外，还有许多在本丛书筹划、编辑、出版过程中给予帮助的专家、老师，无法一一列举，在此谨对以上所有人员致以最真挚的感谢和敬意。

　　严建强教授在一次咨询会上曾对这套丛书给过一个很高的评价，认为它是当代博物馆专业化建设的一个重要的里程碑。对于这个赞誉，我们其实是有点愧不敢当的。我们很清楚，丛书第一辑的整体质量还有待提升，离"里程碑"的高度存在一定差距。但通过第一辑的编辑出版，我们为接下来的第二辑、第三辑的编写积累了经验、增强了信心。今后，我们会继续紧扣"策展笔记"作为"资料工具书""实践参考书"与"观展指南书"的核心功能定位，继续深化对于博物馆展览策展笔记的属性、目标、功能、内涵、形式等方面的认知，努力通过策展笔记的编写，带动全行业策展工作专业水平的整体提升。这虽然是一件具体的事情，但对构建博物馆传承与展示中华文化的策展理论体系和实践创新体系，推动博物馆守护好、展示好、传承好中华文明优秀成果，为博物馆事业的高质量发展、为建设社会主义文化强国不断做出新贡献，是很有积极意义的。我们相信，有全国博物馆工作者的积极参与，我们一定能把这套丛书做得更好，做成中国博物馆领域的著名品牌。

是为序。

刘曙光

中国博物馆协会理事长

2023 年 8 月

第二辑赘言

自"中国博物馆陈列展览精品·策展笔记"第一辑问世以来，我听到了文博业界及学术圈同仁们不少的夸奖。一些博物馆展陈从业人员自发撰写评论，从实操与理论等层面解读策展理念，提炼专业经验。浙江大学、陕西师范大学等高校将其纳入教学过程，作为培育新一代策展人的学习资料，凸显了"策展笔记"的教育价值。微信读书以及各类新媒体平台的留言体现出"策展笔记"已成为广大观众理解博物馆策展艺术、深化观展体验的"新窗口"，拉近了公众与博物馆文化的距离。不少读者热情高涨，纷纷点赞并留下评论，将之视为"观展宝典"。

读者的肯定，是我们编辑出版"策展笔记"的最大动力。在2023年11月第一辑刚发行之时，第二辑也进入了紧锣密鼓的撰写阶段。基于前期积累，第二辑在保持原有特色的同时，力求策展写作内容深度与广度的双提升，旨在展现中国博物馆策展实践的多元视角与前沿动态。

江西省博物馆的"寻·虎——小鸟虎儿童主题展"，作为"策展笔记"第一例儿童主题展览，深刻揭示了策展人对儿童心理与行为特征的敏锐洞察，彰显了博物馆对儿童受众的关怀与重视，映衬出博物馆服务理念的革新与拓展。上海天文馆的"连接人和宇宙"基本陈列作为自然科学类展览在丛书中首次呈现，极大地丰富了"策展笔记"的题材与内涵。广东省博物馆的"焦点：18—19世纪中西方视觉艺术的调适"，是粤港澳大湾区首屈一指的外销画专题展览，荣获"十大精品推介"之"国际及港澳台合作奖"，反映出中国博物馆策展的国际视野，亦是出入境展览在"策展笔记"中的初次亮相。值得一提的是，我们特别收录了虽未参与"十大精品推介"但承载着深厚文化内涵与当代价值、在故宫博物院举办的"何以中国"展览。我们认为，独特的时代性、典型性与代表性，使其成为不可多得的策展典范；我们坚信，其策展智慧值得广泛传播与深入探讨。

在"导览"篇章，"策展笔记"第二辑更加注重构建"策展人导览观展"的沉浸式氛围。例如，上海天文馆的策展笔记立足科普导游与创意巧思，构建出令人心驰神往的宇宙奇景，极大提升了读者的参与感与体验度。"策展"篇章的解析深度与广度也有所提升，体现出更加强烈的问题意识，在撰写个案的同时探讨普遍性议题。如"何以中国"的策展笔记首次提出了"展览观"的命题，深入剖析展览背后的策展理念与文化价值，启发策展人对展览本质的再思考。同时，第二辑还加大了对展览"二次研究"和"学理解析"的力度，对策展相关的"叙事""阐释""符号"等现象进行了学理上的深入探究，将理论成果融入策展实践，进一步提升了展览的学术性和专业度。

技术细节的呈现成为"策展笔记"第二辑的另一大亮点。如对陕西考古博物馆的"考古圣地华章陕西"主展标设计过程的全揭秘，不仅展现了策展团队的匠心独运，也让读者对展览背后的专业技术支撑有了更直观的认识。

最后，第二辑在观展与策展之间建立了更紧密的联系。在"观展"篇章，不少书稿引入观众报告，让策展工作更贴近观众需求，提升了展览的互动性与社会影响力，折射出了策展与观众的双向赋能。

"策展笔记"第二辑依然集结了一支由撰稿人、专家与编辑组成的优秀团队。在此，我们向故宫博物院、辽宁省博物馆、上海天文馆、苏州博物馆、浙江省博物馆、杭州市临平博物馆、江西省博物馆、郑州商代都城遗址博物院、广东省博物馆、中山市博物馆、广西壮族自治区博物馆、四川博物院、陕西考古博物馆等多家博物馆的策展团队贡献的精彩文本表示由衷感谢。同时，还要继续感谢南京博物院理事长、名誉院长龚良，复旦大学文物与博物馆学系主任陆建松，浙江大学艺术与考古学院教授严建强，北京大学考古文博学院教授宋向光，上海大学现代城市展陈设计研究院执行院长李黎，西安国家版本馆副馆长董理，清华大学科学博物馆（筹）高级顾问杨玲等专家学者，他们的专业审读和中肯建议对提升"策展笔记"内容质量起到了关键作用。我们还要向浙江大学出版社董事长、党委书记、总编辑褚超孚，副总经理张琛，社科出版中心编辑团队及所有参与的工作人员致敬，他们一丝不苟的工作态度与精益求精的专业精神，确保了"策展笔记"第二辑的高质量出版。我还要特别鸣谢今天在浙江大学艺术与考古学院任"百人计划"研究员的毛若寒博士。作为执行主编，他不仅协助我延续并深化了策展笔记的体例，更以其富有朝气的学术洞察力推动了丛书品质的进一步提升。此外，还有许多未被逐一提及的专家和同仁，他们的辛勤工作和专业精神对整个编撰项目至关重要，我对他们表示由衷的感谢和敬意。

"策展笔记"如同一扇开启多元视野的窗，亦如聚焦万象的镜头，第二辑尤为如此。它不仅展现了中国博物馆展览生态的丰富多样，更深刻揭示了策展实践背后的创新思维与理论深度。从第一辑至第二辑，这套丛书见证了中国博物馆策展领域的进步，每一页笔记都凝结着策展人对新时代博物馆的角色与功能的深邃思考。这一历程不仅是策展理念革新的实录，亦是中国博物馆人敢于探索、勇于创新精神的鲜活体现。展望未来，我们将秉持"讲好中国故事"的初心，以"策展笔记"为桥梁，不断深化对新时代博物馆使命的理解与实践，致力于通过精品展览传承中华优秀传统文化，弘扬革命文化，发展社会主义先进文化，为建设社会主义文化强国、推进中国式现代化贡献博物馆的力量。

刘曙光

2024 年 8 月

大美于斯　共享和合

The Pursuit of
Profound Beauty,
the Sharing of Harmony

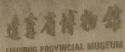

引言

和合·中国

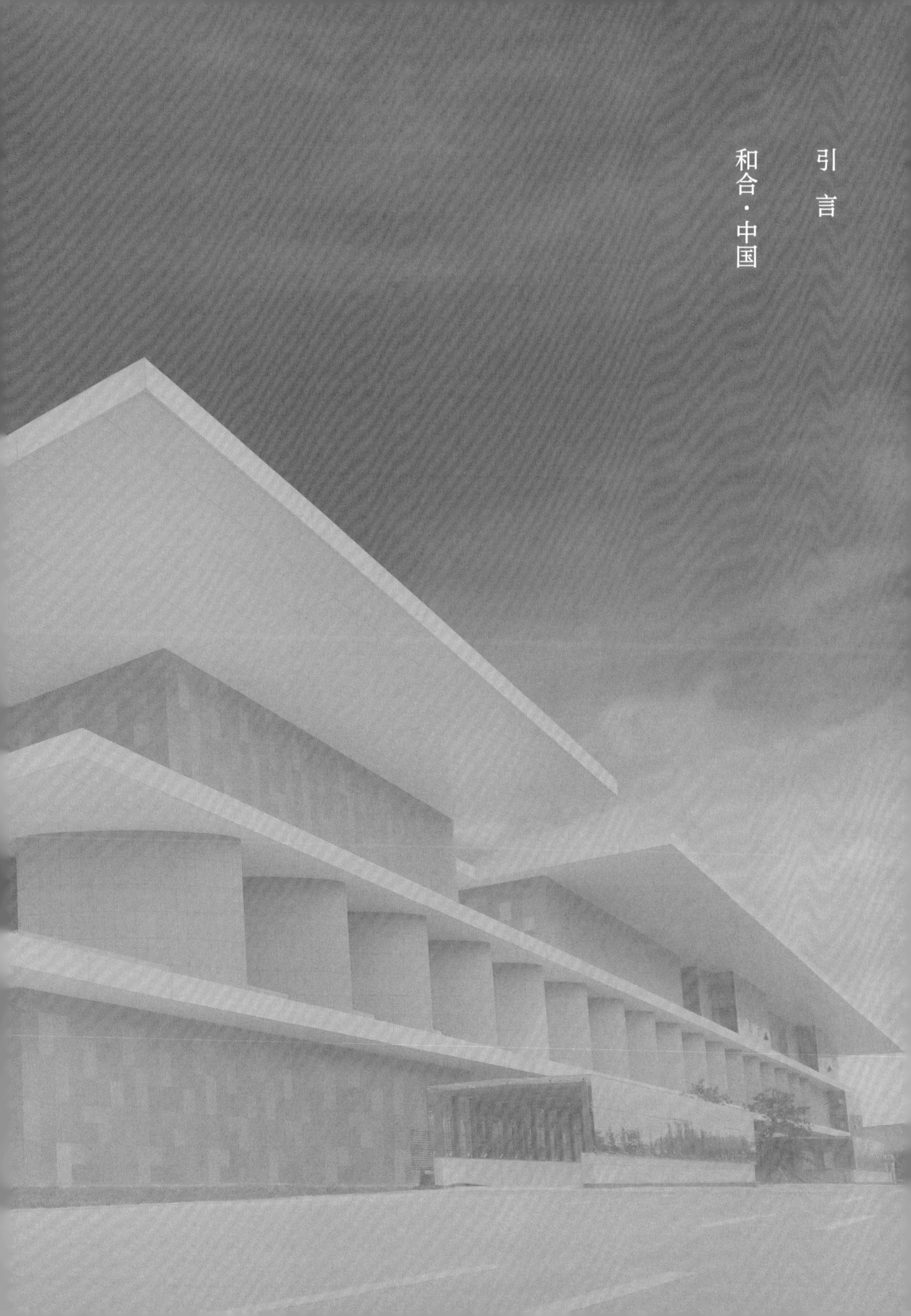

什么是"和合"，和合源自哪里，与"中国"又有什么关系？作为一种思想观念、一种抽象的哲学概念，它与我们博物馆的展览又有什么联系？又如何通过展览去追根溯源、知往鉴今、遇见未来？

大风泱泱，大潮滂滂，5000年文脉涵养了巍巍中华。

经过几代学者接续努力，中华文明探源等重大工程的研究成果，证实了我国百万年的人类史、1万年的文化史、5000年的文明史。长期延续发展而从未中断的中国文化体系，5000年绵延不绝的文脉，联结着一个民族的过去、现在和未来。

作为中华优秀传统文化的重要内核，和合文化在中国源远流长。中国古代哲人在生活和生产实践中仰观天文、俯察地理，从中体悟出"万物和合而化生"的规律。"和合"遂成为中国人认知宇宙、社会、人生的一种主要观念，千百年来，中华民族对世界与自然的认知、对文明与制度的发展、对礼仪之邦血脉的延续，都体现了人对自然的认知与升华。

中华文化崇尚"和合"，历来强调"天人合一""道法自然""以人为本"，在人与自然、人与人、人与社会关系的终极理念中，在对待不同国家、民族、文化的关系上，蕴含着天人合一、万物和谐的生态思想，和而不同、兼收并蓄的社会文明价值，明德修身、人心和善的道德操守，秉承以协和万邦、文明互鉴的价值理念进行平等交流与有机融合。

"和合"作为中国人的一种基本的思维方式和价值准则，蕴含着无比深厚的内涵，富有极其深刻的哲学思想和中国智慧，体现了中华民族的价值追求和性格特征，融入中华儿女奔涌不息的民族血脉中，镌刻于泱泱华夏家国万代的文化基因里。

这就是我们传统文化中的精髓：和合。只有在中国受到5000年传统文化的滋养，才能形成这一刻进中国人骨子里的文化基因。

和合文化在几千年的发展演进过程中，不断融合古今文化之优长、吸收中外文明之精华，其开放性、包容性，历经数千年始终不断、历久弥新。其价值理念被广泛运用于新时代的生动实践，并被不断赋予时代新意，充分彰显了和合文化的时代意义。

博物馆的展览就是要通过古意盎然、彬蔚称盛的文物之美，解读和合文化所蕴含的思想观念，展现中华优秀传统文化中的和合精神、文明价值，展示中华民族的独特精神标识，赓续深入血脉的文化基因，在和合文化传承与涵养中增强文化自信，为实现中华民族伟大复兴中国梦提供思想价值支撑。

辽宁省博物馆的前身为1949年7月7日开馆的东北博物馆，是新中国成立以来建立的第一座大型博物馆，是中国著名的综合类博物馆，是新一轮中央地方共建的国家级重点博物馆，是第一批全国科普教育基地、全国中小学生研学实践教育基地、全国乙级古生物化石收藏单位、全国第七批社会管理和公共服务综合标准化试点单位、辽宁省爱国主义教育示范基地、辽宁省文化和科技融合示范基地、辽宁省文明旅游示范单位（图1-1、图1-2）。2011年，在辽宁省委、省政府的高度重视下，辽宁省博物馆新馆开始动工建设，并于2015年5月对外开放。新馆投资12.36亿元，占地面积8.32万平方米，建筑面积10万平方米，建成时是国内单体面积最大的省级博物馆，分陈列展览、观众服务、文物库房、文物保护、综合业务等五个业务区，新馆工程获2014年度中国建设行业工程质量的荣誉奖——中国建设工程鲁班奖（图1-3）。

辽宁省博物馆现有馆藏文物近12万件（套），珍贵文物6万余件（套），收

图1-1　辽宁省博物馆十纬路旧馆大门（1949年7月7日开馆，2003年7月闭馆）（上）

图1-2　辽宁省博物馆原市府广场馆（2004年11月12日开馆，2015年3月30日闭馆）（下）

图1-3　辽宁省博物馆浑南新馆（2015年5月16日开馆，2018年8月17日展厅全部开放）

藏年代上起旧石器时代，下至近现代，藏品以历史艺术类文物和辽宁地区考古出土文物为主体，涵盖书法、绘画、陶瓷、铜器、货币、雕刻、漆器、景泰蓝、丝绣、服饰、碑志等21个门类，尤以晋唐宋元书画、宋元明清缂丝刺绣、红山文化玉器、商周时期窖藏青铜器、辽代陶瓷器、历代碑志、明清版画、古地图和清末著名古泉收藏家李佐贤所作《古泉汇》著录的历代货币等最具特色和影响力。辽宁省博物馆历代书画收藏在国内外占有重要地位，以体系完整、品质精良、精品荟萃而蜚声中外。例如，馆藏现存最早的楷书墨迹东晋《曹娥诔辞》和唐摹《万岁通天帖》、"草圣"张旭《古诗四帖》、宋徽宗传世草书孤本《千字文》、传世人物画巨作唐代周昉《簪花仕女图》、唐代张萱《虢国夫人游春图》宋代摹本、五代时期中国南派山水画鼻祖董源的传世代表作《夏景山口待渡图》、宋徽宗《瑞鹤图》等，皆为稀世

图1-4　1953年，《清明上河图》在东北博物馆举办的"伟大祖国古代艺术特展"中与观众首次见面

之珍。而宋元明清缂丝刺绣多源于朱启钤旧藏，充分展示了中国古代丝绣工艺的精湛和深厚文化内涵，享誉海内外。红山文化玉器、商周时期窖藏青铜器、辽代陶瓷器、三燕文化及辽金时期的文物，是古代辽宁历史文化的代表，有着鲜明的地域特色。历代碑志、明清版画、古地图、齐白石书画等馆藏也是辽宁省博物馆久负盛名的特色收藏。

　　辽宁省博物馆建馆70余年来始终立足于服务社会、展示展览的博物馆工作职能，并在近年来不断突破自我，创新发展。辽宁省博物馆从建馆伊始，就非常重视陈列展览工作，基本陈列一直是重中之重。1949年7月7日东北博物馆正式开馆并展出"历史文物分类陈列"，这是1949年10月1日开国大典前夕最早对外开放的博物馆。从开馆的展览、历年的基本陈列，如"中国历史艺术陈列""中国历史陈列""辽宁历史文物专题陈列"，直至"辽河文明"展和"古代辽宁"展，主题不同，展品有别，策展理念也各具时代特征，但陈列主体基本上都是辽宁地区乃至辽河流域考古出土的文物。随着时代的变迁，展示手段的日新月异，以人为主体理念的不断深入，系统生动地展示辽宁的历史文化成为辽宁省博物馆陈列展览独具的特色。在开放基本陈列的同时，策划临时展览也是非常吸引广大观众的做法，如1953年在东北博物馆举办的"伟大祖国古代艺术特展"（图1-4），从当年留存的老照片中可以看到，做这个展览时，在博物馆大门门楣的上方为展览做了海报宣传，海报的外形是辽三彩海棠盘的形状，中间采用了青铜三足鼎及缂丝紫鸾鹊谱里的双鸾图案，还加上了包含"东北博物馆"这几个字的馆标，这与我们现在设计海报的理念和思路是极其一致的，说明前辈们在博物馆展览海报的设计理念上已相当领先。在这个展览中，清宫散佚的国宝《清明上河图》与观众首次见面，直至2004年辽宁省博物馆市府广场馆开馆，从故宫博物院借《清明上河图》回辽宁省博物馆展出，再一次引起轰动。

近年来，辽宁省博物馆坚持以习近平新时代中国特色社会主义思想为指导，积极服务国家战略和区域经济社会发展，积极发挥中央地方共建国家级重点博物馆在藏品保护、陈列展览、学术研究、人才培养、交流合作、社会教育等方面的示范引领作用，认真践行"保护第一、加强管理、挖掘价值、有效利用、让文物活起来"的新时代文物工作方针，把文物和博物馆工作放到中华文明全景、中国式现代化全局中来研究，深入挖掘馆藏文物的丰富内涵和辽宁地域文化内涵，提炼展示中华文明的精神标识，举办具有中国特色、体现中国精神、蕴含中国智慧的精品文物展览，以文物实证中华文明的突出特性，以中华优秀传统文化增强文化自信，探索出一条以文物为核心、以展览为抓手、以多元活动为传播途径的策展模式。

从2019年的"又见大唐""又见红山"，到2020年的"山高水长——唐宋八大家主题文物展"、2021年的"龙城春秋——三燕文化考古成果展"，再到2022年的"和合中国"，辽宁省博物馆展览连续四年入围"全国博物馆十大陈列展览精品"。其中，"山高水长——唐宋八大家主题文物展""和合中国"展览被评为精品奖。辽宁省博物馆展览连续五年入围"弘扬中华优秀传统文化、培育社会主义核心价值观主题展览推介项目"，其中，"又见大唐""山高水长——唐宋八大家主题文物展"被评为重点推介项目；"创新展览叙事体系，用心用情用力讲好中国故事"入围国家文物局首届"文物事业高质量发展案例"。辽宁省博物馆始终秉承这样的理念：博物馆是保护和传承人类文明的重要场所，是连接过去、现在、未来的一座桥梁。辽宁省博物馆将展览作为宣传中华优秀传统文化的重要手段，秉承"一个博物馆就是一所大学校"的理念，认真履行好"搞历史博物馆展览，为的是见证历史、以史鉴今、启迪后人"的新时代文博要求，践行"守护好、传承好、展示好中华文明优秀成果"的文博使命和社会担当，推动博物馆展览在贯彻新发展理念、构建新发展格局、推动高质量发展工作中的创新实践，日益提升在国内外的影响力。

正是在这种背景下，为充分凸显博物馆的文化价值，赓续深入中华民族血脉的和合文化基因，2022年10月8日，由国家文物局、中共辽宁省委宣传部主办，辽宁省文化和旅游厅（辽宁省文物局）、辽宁省公共文化服务中心、辽宁省博物馆承办，山西博物院、南京博物院等22家国内知名文博单位鼎力协办的"和合中国"展览在辽宁省博物馆隆重开幕。展览综合运用彩陶、玉器、青铜器、金银器、瓷器、丝绣、书法、绘画、古籍、碑刻拓片等各类文物，以精品文物阐释和合文化，解读和合思想，体现和合文化在中国源远流长的历史及其蕴含的中国智慧。展览荣获"全国博物馆十大陈列展览精品奖"。

一、春山踏歌：策展契机

习近平总书记在中国国际友好大会暨中国人民对外友好协会成立 60 周年纪念活动上的讲话中提到："中华文化崇尚和谐，中国'和'文化源远流长，蕴涵着天人合一的宇宙观、协和万邦的国际观、和而不同的社会观、人心和善的道德观。"〔1〕

习近平总书记在中共中央政治局第三十九次集体学习时的重要讲话中提到："讲清楚中国人的宇宙观、天下观、社会观、道德观，展现中华文明的悠久历史和人文底蕴。"〔2〕

2022 年初春，一个命题作文摆在我们的面前，要做一个与"和"有关的展览，或者说要用博物馆的展览语言去表达、去陈述和合文化是什么……

策展人首先要理解"和合"这个词语的概念，前面提到，"和"文化源远流长，包罗万象。一般我们在听到"和合"二字时，往往想到的是"和合二仙"，即一团和气、笑口常开的形象，但这不足以代表博大精深的和合文化。做展览不能不理解词义，更不能以己之昏昏，欲使人之昭昭，那就要到传统文化中寻找答案。策展团队负责人曾就读于吉林大学古籍研究所，专业方向是先秦史，重点学习与研读"十三经"。接到展览任务后，她首先想到的是业师陈恩林先生的两篇文章：《论〈易传〉的和合思想》《论〈周易〉的社会和谐思想》。重温陈先生的文章，可进一步理解他文章中所提到的几个观点："天人合一"是《周易》社会和谐思想的理论基础。圣人君子在位是实现社会和谐的首要条件，财富是实现社会和谐的物质保证，礼仪刑罚是实现社会和谐的制度保证，道德修养是实现社会和谐发展的必备条件，从家庭和谐到国家、天下和谐是实现社会和谐的模式。

先秦时期是中国和合文化的形成时期，对当时和后世都产生了深远影响，百家争鸣更是在中国古代思想史上写下了最为灿烂的篇章，诸子百家异彩纷呈的思想文化博大精深，塑造了中华优秀传统文化的独特风貌。从陈先生的文章中我们理解了"和合"与"和谐"，但展览的主题又该如何提炼？

在策展过程中，展览的主题几经讨论，反复修改，最终确立为"和合中国"，展示天人合一的宇宙观、协和万邦的国际观、和而不同的社会观、人心和善的道德观。多次的探讨和研究，也是策展人不断调整思路、以期完美呈现的过程。

最初的两个展题"和合之美""和和美美"的含义大同小异，主要是想通过文物之美展现生活之美，是对生活美学方面的展示。只要是美好的东西，就可以拿来反映美好的事物。最初选用这个主题，是因为"和合"这个概念比较抽象，而采用"和合之美"或"和和美美"则容易化抽象为具象，可以使后期博物馆的展览更好操作。但是策展团队又考虑到这样做出的展览不够大气，立意不够宏大。这个展览应是能够彰显中华文明不断焕发生机与活力的时代价值的展览。

同时策展团队了解到南京博物院在 2016 年春节期间举办了"和·合——中国传统文化中的和谐之道"展览，展览分为"天人合一""阴阳和合""和和美美"三个部分，向公众传达中国传统文化中的和谐融合关系，展示人们向往和谐美满生活的愿望。参观者对该展览评价最多的就是一个字——"美"。展览第三部分"和和美美"布置的七组文化景观，用一组文物来讲述中国故事，配以多媒体的巧妙应用，将陈列艺术之美发挥到极致。有南博的珠玉在前，很难再有所突破，因此确定展览的基调成为难题。

关键在于重新理解"和合"的深层含义。"和合"是中国传统文化的精髓，是中国独有的精神气质，"和合"与"中国"是相辅相成的。如同我们耳熟能详的"何以中国"，2022 年我们迎来了"何以中国""宅兹中国""和合中国"三个大展（当然，2023 年又有"汉字中国"大展），从这几个展览名称上就能感觉到策展人对中国文化的理解及关注点——以中国传统文化的魂为根基，将文物之美与抽象的概念相融合，以有形见无形，展现展览的深度和学术的高度。

　　习近平总书记的讲话是对"和"文化的高度概括，是对展览内容的引领，使我们从"和合"所蕴含的海量信息中拨云见日，即要从"宇宙观、天下观、社会观、道德观"这四个观念中体现"和合"的内涵与外延。最终策展团队选择"和合中国"作为展览的主题，仅以四个字展现展览的大气磅礴，并据此确立了展览四个部分的总体框架。每一部分下面用哪些内容去体现，如何把握各单元之间的逻辑关系，就是展览的具体工作了。

　　以文物为主体，以解读为辅助，以文化展的模式，解读与中国和合文化有关的思想及其在当代中国的重要文化价值，将物质文化与中国哲学思想相融合。这就是最终展览要达成的目标。

　　正如"和合中国"闭幕夜场晚会中所说：

　　　　我们的家园，
　　　　是这么美丽，这么旖旎。
　　　　我们的历史，
　　　　是这么悠远，这么神秘。
　　　　壮阔的万里山河，
　　　　雄浑的人文传统，
　　　　向世界诉说着博大和神奇。
　　　　桃花红，梨花白，
　　　　春风和煦入我怀。
　　　　莫负春光好，乐山乐水，
　　　　踏歌来。

那么，我们要深入贯彻落实习近平总书记的重要讲话精神，春山踏歌，和合中国。展览要立足于弘扬中华优秀传统文化和弘扬社会主义核心价值观，立足于增强文化自信的时代潮流，这些都需要我们不断探索新的展览手段和创意来活化无声的历史文物，并通过生动地解读文物和述说它们背后的故事，使这些瑰宝以有温度、有脉动的鲜活形象展现在人们面前，充分凸显出博物馆的文化价值，彰显国家悠久的文明与文化自信。

二、春江花月：策展理念

2019 年，辽宁省博物馆推出了"又见大唐""又见红山"展览，开启了打造系列大展的序幕，从 2020 年"山高水长——唐宋八大家主题文物展"、2021 年"龙城春秋——三燕文化考古成果展"，到 2022 年的"和合中国"展览，累计接待观众近百万人次，线上线下活动参与观众 1000 余万人次，媒体报道数千次。既通过展示地域文化系列的红山文化、三燕文化，以人无我有的优势，讲好古代辽宁故事，讲好中华文明起源与溯源的故事，讲好中华文化多元一体、共铸中华民族共同体意识的故事，也用珍品文物以文化展的模式讲述大唐盛世、千载文韵、和合共生。在打造系列大展过程中，辽宁省博物馆紧扣时代脉搏，以馆藏文物为基础构建叙事语境，以丰富解读增进与观众的互动交流，传递情感体验，推介文物所蕴含的历史价值、文化价值、审美价值、时代价值，创新地讲好文物故事，形成了"观众喜欢、专家认可、媒体轰动"的文化现象，充分释放转化了文物承载的文化力量，实现了历史文化遗产的多元阐释和传播。辽宁省博物馆探索出一条以文物为核心、以展览为抓手、以多元活动为传播途径的策展模式，构建出一套独具地方特色的展览叙事体系，谱写了中国式现代化的文物展览新篇章。

在"和合中国"展览中，核心策展思路有四个。

一是构建展览叙事体系，立足文化遗产的多元阐释与传播，注重文物作为文化遗产的当代表达，挖掘文物的时代价值，以精品文物阐释中华文明讲仁爱、重民本、守诚信、崇正义、尚和合、求大同的精神特质和发展形态，凸显和合文化在中华优秀传统文化中的重要意义，和合思想在当代中国的重要文化价值。

二是内容设计尚和合、求大同。中国，这片拥有 5000 年文明的广袤国土，虽然有不同的方言乡音，但是蕴含着共同的民族意识，拥有着相同的文化基因。博物馆又是中华优秀传统文化发扬与传承的重要讲解传播基地，因此要结合和合文化的内涵，通过主题文物反映中国古代以和为美的文化与社会生活，与古为新，突出人类命运共同体的天下观。这是在原有的"和美"主题展览上的升华。

三是立足从文物展陈到文化传播，体现"让文物活起来"的文化诠释，通过展览为观众揭示和合文化的内涵，这是博物馆服务社会的最直接方式。让更多的文物走出库房、走上展线，让文物"转"起来；推进展陈数字化，运用云计算、AR（增强现实）等先进技术，对文物器型及内涵价值进行深入形象立体的解读，让文物"智"起来；丰富传播渠道，通过学术论坛、讲座、研讨会、社教活动等多种方式，加强观众与文物的交流互动，让文物"动"起来；围绕展览 IP 合作研发文创产品，让文物"萌"起来；打造"传统媒体 + 新媒体"的宣传模式，以国际化视角赋能，让文物"火"起来。

四是跨界合作，实现文化的创新性转化、创造性发展。开发系列教育活动、学术讲座、跨界宣传、展览图录、数字应用、夜场演出、主题文创等"博物馆 +"项目并运营推广，将馆藏资源转化为文化服务资源，以创新创造赋能经济社会发展。

策展团队始终以创新为第一理念，突破了常规文物展览按时代、类别的排布方式，创新采用叙事语言，使文物展品作为一系列完整叙事结构中的事件元素出现，以此对各类文物资源进行整合，以文物组合的形式解读和合文化；以"和合"贯穿，从不同角度回应主题，形成内容上的递进关系，紧扣"和合""中国"这两个展览主题词，使二者相辅相成。通过展览说明及辅助的图板、图表，着眼于讲述文物的内涵，打磨出既突破常规又切实可行的文化展览实施方案及包含多种展示手段的展陈方式。

以"气势恢宏、精巧多变、淡雅和合"为总体艺术风格，三个展厅四个部分主色调取自天、地、水、人，以天地人和为色彩基调，追求清新淡雅。总序厅用光影造"圆"，寓意和合，展厅内将文图与背板融为一体，表现"和合"所展示的主题性，并将这一理念贯穿展厅形式设计全过程。

三、大美于斯：展览亮点

第一，这是辽宁省博物馆首次以主题文物组合的形式解读和合文化。此次展览展出和合文化有关文物、古籍 402 件 / 组（436 单件），其中一级文物 88 件 / 组，在辽宁省首次展出的文物 197 件 / 组，外借文物 121 件 / 组（177 单件）。这是在和合中国主题下，各类有关文物的首次聚集展出。

第二，展品类型既体现了对各类文物资源的整合，也是对跨时空、跨地域、跨种类的文物资源进行融合解读。从展品构成来看，一是通过彩陶、青铜器、瓷器、丝绣等工艺品，体现古代中国与"和合"有关的物质文化创造；二是与和合文化有密切关系的墨迹、古籍，丰富展览内涵；三是体现人与自然生态文明、人与社会家国情怀、人与世界交流互鉴的文物；四是能反映和合文化发展及其当代影响的其他文物。

第三，结合和合文化的内涵，通过主题文物反映中国古代以和为美的文化与社会生活。展览通过彩陶、玉器、青铜器、瓷器、丝绣、书法、绘画、古籍、碑刻拓片等各类文物的有机组合，结合丰富的链接引申，充分运用数字影像技术，以各文物的时代和文化背景来分别阐释主题，让参观者近距离地了解和合文化与文学、书法、绘画等的关联，体会和合文化的丰富内涵。

第四，凸显和合文化在中华优秀传统文化中的重要意义。人与自然和谐相融、"天人合一"的和谐生态观是中华优秀传统文化的主基调。"天人合一"思想起源于春秋时期儒家思想的主张，它把天地万物视为不可分割的整体，肯定宇宙万物的内在价值，把人与自然看作浑然一体，体现以人为本的价值取向和人文精神。这种"和谐""和合"思想是生态文明建设的理论基础，向世人展示了一种人与自然和谐相处、共生、共存的全新价值取向，以期实现人与自然环境的和谐相处和可持续发展，实现人类社会的和谐文明。

第五，与古为新，突出人类命运共同体的世界观。和合精神蕴含了中华民族天下大同的国家观和民族观，并且天下大同成为和合精神的价值追求。人类世界因"和"而存在，因"合"而发展，体现了人类命运共同体的世界一体性，在文化认知层面主张和而不同、交流互鉴。

第六，构建展览叙事体系，用心用情用力讲好中国故事。

策展过程中，策展团队推陈出新，以独特的展览叙事方式探寻历史文化遗产的当代表达，围绕讲好中国故事、让文物说话，形成可复制的经验和做法。

一是转变策展思路，从文物展陈到文化传播。策展团队突破了常规文物展览按类别、材质的排布方式，着眼于"4 个 w"和"1 个 h"，即你是谁（who）、想展示什么（what）、向谁展示（whom）、为什么这样展示（why）、怎样展示（how）。围绕这五个重点，以文物展览为骨架，以文化解读为传播方法，并结合多种展陈方式，打造独特的策展模式。

二是立足时代，观照当下，策划中国化、时代化的精品展览。展览立意高远，让文物呈现出超越时代的思想价值，擦亮了中华优秀传统文化的精神标识，体现了中华优秀传统文化的源远流长与薪火相传。

三是创新叙事逻辑，突破时空限制讲好文物故事。策展团队采用叙事语言，使文物展品作为一系列完整叙事结构中的事件元素出现，根据数十万字和近千幅图板、图表的基础材料，为文物量身打造展览说明，着眼于讲述文物故事，丰富展览体验。

四是以观众为中心，搭建沟通平台，实现"物"与"人"的二元合一。从"以文物为中心"的策展理念过渡为"以观众为中心"，让展览与观众的关系从"主体与客体"变为"主体与主体"，针对年轻人的特点，打造数字化的效果，营造出让观众在体验与找寻中沉浸式观展的氛围。在展览中实现学术性、教育性和趣味性、观赏性的平衡，让学术通俗化、知识趣味化，将文物学术研究成果转化为观众看得懂、喜欢看、记得住的文化记忆，实现观众与文物的对话和连接。

五是紧扣时代脉搏，用叙事传递情感体验，实现历史文化遗产的多元阐释和传播。在叙事上"用心"，让文物"说话"，将学术语言转化为通俗文字，配合丰富直观的图表和知识点延伸，让专业人员看得过瘾，让普通观众看得明白；在叙事上"用情"，用小小的文物反映宏大主题，小中见大联结观众情感，从而激发共鸣；在叙事上"用力"，以多维赋能形成传播趋势，让文物"转"起来、"智"起来、"动"起来、"萌"起来。

第七，让文物活起来，讲好中国故事。深入挖掘文物背后承载的中国智慧和时代价值，并以此为依托构建完整、有效的展览叙事体系，做到见物、见人、见精神，坚定文化自信。为了能够多角度、全方位向观众呈现和合文化的历史

图1-5　《和合中国》图录

信息，生动展现文物中的历史知识，根据本次展览主题充分利用现代科技，采用了视频、投影、AR 等数字化手段，融合实体与虚拟环境，拓展文物展示空间，努力创新"和合中国"的展览方式，以多种呈现方式让文物活起来，使得观众沉浸式、立体式地感知文物、感受历史，全方位领略文物在当下时代的魅力所在，更好地提升观众的参观体验。此外，为了满足不同人群的参观需要，还在线上开设 VR（虚拟现实）展览，形成多元化、多种方式的参观体验。

　　第八，强化博物馆社会功能，实现多元阐释传播。在坚守主流传播渠道的同时开拓立体化传播平台，融合实物与虚拟、互动与体验、年轻态与网感化，内容表达创新、融合传播创新、技术手段创新，不断提升中华优秀传统文化的影响力，为观众提供多元的服务。在展览举办的同时出版精美的展览图录（图1-5），作为"和合中国"展览在纸上的重现和传播延伸，让读者在色彩缤纷的愉悦中，增强对和合文化历史信息、文化内涵的理解，更好地体会展览主题。

此外，部分重点文物分期展出，使展览有新意。为了让观众欣赏到更多的精美文物，部分重点展品以分期展出的形式出现。例如，清代徐扬的《姑苏繁华图卷》与明代仇英的《清明上河图卷》，北宋徽宗的草书《千字文》与唐代欧阳询的《千字文》，南宋朱克柔的缂丝《牡丹图》与《山茶蛱蝶图》等分批展出，让观众每次观展都有新体验。此外，书画类展品的真迹与复制品会在不同的档期展出，也充分体现了文物保护的意识和做法。

注 释

〔1〕习近平. 在中国国际友好大会暨中国人民对外友好协会成立60周年纪念活动上的讲话. 人民日报, 2014-05-16 (2).

〔2〕习近平在中共中央政治局第三十九次集体学习时强调把中国文明历史研究引向深入 推动增强历史自觉坚定文化自信. 人民日报, 2022-05-29 (1).

大美于斯 共享和合

The Pursuit of
Profound Beauty,
the Sharing of Harmony

导览

何妨吟啸且徐行

　　"和合中国"展览以文物为媒介探寻传统文化的当代表达。

　　"和合中国"展览深化了叙事体系的建构和应用，是辽宁省博物馆史上规模最大的特展。在展陈上，对跨时空、跨地域、跨种类的文物展品进行融合解读，并以"天人合一"冥想屋、丝绸之路滑轨屏等数字影像方式提升展陈效果；在传播上，跨界合作，开发了系列教育活动、数字应用、夜场演出、主题文创等"博物馆+"项目并进行运营推广，将馆藏资源转化为文化服务资源，赋能经济社会发展。展览以"和合中国"为题，从402件/组（436单件）文物中提炼讲述了中华文明"天人合一"的生态观、博大厚重的家国情怀、交流互鉴的丝路故事、古今合璧的奥运故事、一起向未来和建功新时代的美好愿景等，精准诠释出和合文化所蕴含的"讲仁爱、重民本、守诚信、崇正义、尚和合、求大同"的精神特质和发展脉络，弘扬了中华文明的当代价值和世界意义。

　　下面请跟随策展人的描述，做一次展览的书面之旅。首先来了解一下展览的基本信息。

展览名称：和合中国

展览时间：2022年10月8日—2023年1月28日

展览地点：辽宁省博物馆三楼20、21、22号展厅

主办单位：国家文物局、中共辽宁省委宣传部

承办单位：辽宁省文化和旅游厅（辽宁省文物局）、辽宁省公共文化服务中
　　　　　心、辽宁省博物馆
协办单位：山西博物院、吉林省博物院、南京博物院、河南省文物考古研究
　　　　　院、湖南博物院、陕西历史博物馆、甘肃省博物馆、宁夏回族自治
　　　　　区博物馆、新疆维吾尔自治区博物馆、三门峡市虢国博物馆、宁夏
　　　　　固原博物馆、盐池县博物馆、阳信县博物馆、辽宁省体育局、辽宁
　　　　　省文物考古研究院、辽宁省图书馆、旅顺博物馆、朝阳博物馆、东
　　　　　港市博物馆、建平县博物馆、中外珐琅美术馆、苏州市祯彩堂工
　　　　　艺社
制作单位：沈阳爱的展览艺术工程有限公司
展览面积：3738.1平方米
展品数量：402件/组（436单件，其中一级文物88件/组）
观众人数：111634人（展览期间曾两次闭馆）
社会影响：展览开展的三个多月中，虽然受到疫情影响，但还是吸引了近12万
　　　　　名热情观众。在展览闭幕当天，"又见辽博——'和合中国'"主
　　　　　题晚会现场吸引观众达3000人。新华社、央视，以及《光明日报》
　　　　　《人民日报》等70余家中央和省内各级媒体报道403篇，转载千余
　　　　　次。展览荣获第二十届（2022年度）全国博物馆十大陈列展览精
　　　　　品奖。

　　一家大型综合博物馆的展览，必然要靠展品来传达主旨思想，"和合中国"展
览是利用有形的文物展品，来展现无形的和合文化。从总体框架可以看出，展览包
括"天人合一""人心和善""和而不同""协和万邦"四个部分，每一部分分为
两个单元，共八个单元，单元下共设25个文物组。展品的选择从体现古代中国与"和
合"有关的物质文化创造，体现人与自然生态文明、人与社会家国情怀、人与世界

图2-1 "和合中国"总序厅

交流互鉴、和合文化发展及其对当代影响的文物入手,贯穿"和合",从不同角度阐释主题思想,层层递进地展示与解读和合文化所蕴含的宇宙观、天下观、社会观、道德观,让观众领略"一眼千年"的文物之美(图2-1)。

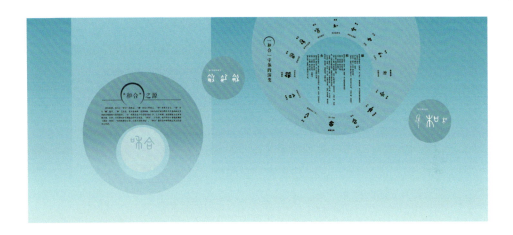

图2-2　"和合之源"设计图

一、序章：和合之源

这是以和合中国为主题的展览。"和合"是比较抽象的哲学概念，同时也是内涵广泛、博大精深的思想体系。首先就要从字面上讲清楚什么是"和合"，从字形字义到古文献的记载中去追根溯源。

因此，在进入展厅、经过序厅之后，展览的最前面开辟了序章：和合之源。展览的序章占据一个展柜（图2-2），展品是《老子》《论语》《尚书》《国语》等古籍的不同版本，超大的背板设计以"和合"的字形字义解读为主，从辅助图片到用先秦古籍实物，先讲清楚"和""合"及"和合"的本义及其引申义，于有形处见无形，引导观众去探寻"和合"的来源与含义。

从古文字的角度追溯，商周时期就有了"和合"的概念。

"龢"，古"和"字。始见于甲骨文，形声字，从"龠"，像管乐器，本义指乐器声音和谐。如《广韵》释"龢"为"谐也，合也"。《左传·襄公十一年》："如乐之龢。"

"和"始见于金文，"和"常与"龢"通用。"和"之本义，是声音相和，音韵和畅，如《中庸》"发而皆中节谓之和"，《诗·小雅》"和鸾雍雍"（孔颖达注疏"和，亦铃也，以其与鸾相应和，故《载见》曰和铃央央是也"）。引申为对宇宙万物生生不息的内在节律的直观洞察与深切体悟，如《尚书·尧典》"百姓昭明，协和万邦，黎民于变时雍"，《老子》第四十二章"万物负阴而抱阳，冲气以为和"（图2-3），《论语·学而》"礼之用，和为贵"。

"合"，始见于甲骨文。原义是口中百般形相汇合，上下砥砺，如《说文》释"合"为"合口也"。进而抽象为直面事物矛盾、差异，并在冲突中实现融合的生命智慧，如《易·乾卦》"保合太和，乃利贞"，《诗·大雅》"天作之合"，梁元帝《纂要》"天地四方曰六合"等。

先秦文献中有许多关于"和"的记载，而"和合"二字合用，最早出自春秋时期的《国语·郑语》"商契能和合五教，以保于百姓者也"（图2-4）。商契是商朝建立者商汤的先祖，为商始祖，"五教"是指父义、母慈、兄友、弟恭、子孝，所谓"和合五教"，即是调和"义、慈、友、恭、孝"五种礼仪教化，使"父、母、兄、弟、子"之间的关系和谐，是实现"保于百姓"这一目的的具体手段。这是"和合"最早的文献记载，其他还有成书时间相对较晚的《管子·幼官第八》"畜之以道，则民和；养之以德，则民合。和合故能谐，谐故能辑。谐辑以悉，莫之能伤"，清代孙诒让《墨子间诂》"离散不能相和合"，《尚书·尧典》"百姓昭明，协和万邦，黎民于变时雍"（图2-5）等，"和合"蕴含着中国传统文化无比深厚之内涵。

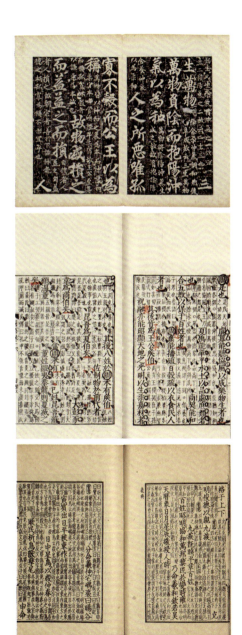

图2-3　《唐开元注道德经拓本》（1962年辽宁省图书馆移交辽宁省博物馆藏）（上）

图2-4　《国语》民国二十三年（1934）辽海书社影印本（辽宁省图书馆藏）（中）

图2-5　《尚书》监本纂图重言重意互注点校民国上海商务印书馆影印本（辽宁省图书馆藏）（下）

二、"天人合一"：宇宙观

从展览的序章走过，进入展览的第一部分。在先秦古籍记载之前，和合思想是如何产生的？在古人的物质创造与精神世界里，这一抽象的哲学概念和文物如何在一个叙事体系里同时呈现，并表达出抽象概念产生的物质基础？这就是展览的第一部分"天人合一"，它由"与天地参　认知自然""乐山乐水　谐和自然"两个单元组成，展示人类从认知自然到谐和自然的过程，阐释中华文化崇尚的"天人合一""道法自然"的宇宙观。

这部分主题传达给观众的是：人类源于自然，在与大自然的共处中，天地间万事万物均效法或遵循"道"的"自然而然"规律，认知这个自然规律，达到人与自然的和谐相融。"天人合一"的和谐生态观是中华优秀传统文化的主基调，本部分不仅源自《庄子·齐物论》"天地与我并生，而万物与我为一"，而且虽然先秦时期百家争鸣，但儒、释、道三家在人与自然关系的终极理念上是基本一致的，都致力于阐发"天人合一"的文化精神与价值理念。"天人合一"作为中国哲学思想，把天地万物视为不可分割的整体，肯定宇宙万物的内在价值，体现以人为本的价值取向和人文精神（图2-6）。

图2-6　第一部分"天人合一"序厅

（一）与天地参　认知自然

第一单元"与天地参　认知自然"共有六个文物组合："自然之纹""鸟兽之形""天籁之音""星空""信仰""八卦阴阳"。

1.自然之纹

先民对自然的体察从具象到抽象，幻化成彩陶、玉器、青铜器上的艺术创作，表达了先民在以农业为主的生产实践中萌发的对自然万物共同的认识、体察和情思。展览通过能体现这一主题的文物，揭示中华民族对自身与世界关系的基本认知，从而形成独特的思想文化理论体系。

图2-7 "自然之纹"展柜

　　中国新石器时代的彩陶升华于先民对自然的体察，各类抽象的几何纹，以红、白、黑、褐为主体的颜色，体现了自然且人性化的造物观，这种观点一直根植于中国传统手工艺中，绵延千年（图2-7）。

　　展览以新石器时代的彩陶开篇，选取了以自然之形勾画的彩陶器：新石器时代红山文化勾连涡纹彩陶罍、新石器时代马家窑文化马厂类型圈纹彩陶壶、新石器时代大汶口文化花叶纹彩陶钵、新石器时代大汶口文化花叶纹彩陶壶。上面的花叶纹、涡纹都是新石器时代先民对自然界现象观察的体现，对植物花叶花蕊的观察成就了花叶纹彩陶器，对河流奔腾不息飞溅起浪花的观察成就了勾连涡纹，等等。展览中文物的选择只能"以点代面"，给观众留下合理的想象、

图2-8　新石器时代红山文化勾连涡纹彩陶罍

联想的空间，希望观众能够在观展过程中有所体悟。

　　本单元第一件展品是新石器时代红山文化的勾连涡纹彩陶罍（图2-8），牛河梁遗址第二地点四号冢 6 号墓出土，口径 13.2 厘米、底径 12 厘米、通高 49.2 厘米。泥质红陶，红陶地上饰黑彩。敛口，圆唇，广肩，鼓腹，小平底，腹部饰竖桥状耳，圆碟式盖，顶端有半环形捉手。盖身饰重圈纹，瓮身饰三周勾连涡纹带。分布于西辽河流域的新石器时代红山文化，以与大自然和谐共处的天性和与邻区广泛交流的开放心态，走过了上千年发生发展的历程。红山文化祭祀用陶器主要为泥质红陶，且多彩陶。红山文化的彩陶受到中原地区仰韶文化的强烈影响，在发展过程中又不断地融入自身的文化因素，独具特色。将源自邻区文化因素的彩陶器使用于精神领域，反映出红山先民对外来文化有很高的容纳度。

　　不仅是东北的红山文化，西北的马家窑文化、东南的大汶口文化的彩陶也体现了古人对自然现象的体察与情思，因此，展览选取了各文化的彩陶形成文物组合。如辽宁省博物馆藏新石器时代马家窑文化马厂类型圈纹彩陶壶（图2-9），青海省乐都区柳湾墓地出土，高35.5厘米、口径10.5厘米、腹径29.5厘米、底径11厘米。四大圈纹是马厂类型彩陶最主要的纹饰之一，由半山类型涡纹演变而来。涡纹是古人对生命之源——水的描绘，四大圈纹组成的宽带纹是马厂类型最典型、应用最广泛的彩陶装饰图案。圆圈内的填充纹饰在马厂早期是同一的，以后变得繁缛多样。

　　新石器时代大汶口文化的彩陶，主要有从南京博物院借来的江苏邳州大墩子遗址出土的彩陶钵，器型及花纹类似却富于变化。花叶纹彩陶扁腹钵有两件，其中一件高10.7厘米、口径16.9厘米、腹径25.2厘米、底径5.9厘米。红、白、褐三色勾勒出四瓣花，从口沿向下延伸，相邻的两花间装饰抽象图案（图2-10）。这种带花瓣纹的彩陶器，在黄河中下游地区已出土的仰韶文化陶器中很常见。古文字当中的"华"本义就是"花"，"花瓣纹"与中华民族的形成存在着渊源关系，亦是古人在与自然共存中观察自然、崇尚自然而形成的思想意识的反映。另一件彩陶扁腹钵口径14厘米、高9.4厘米。泥质红陶，在红陶衣上施白与深褐的彩绘，以褐色做花心，白色为花瓣，相邻的花朵共用花瓣，形成朵朵相连的五瓣花朵，从口沿向下延展勾连，层次分明，视觉效果连绵不绝，富于生机（图2-11）。

　　邳州大墩子遗址还出土有花叶纹彩陶钵，高10.8厘米、口径18.5厘米、腹径27.0厘米、底径6.4厘米。纹样为由圆点、弧形三角勾叶、弧线组合构成的花纹图案，红、白色相间，如花叶，又如水涡纹，具有旋转流动的视觉效果（图2-12）。

图2-9　新石器时代马家窑文化马厂类型圈纹彩陶壶（上左）

图2-10　新石器时代大汶口文化花叶纹彩陶扁腹钵（其一）（上右）

图2-11　新石器时代大汶口文化花叶纹彩陶扁腹钵（其二）（下左）

图2-12　新石器时代大汶口文化花叶纹彩陶钵（下右）

2.鸟兽之形

　　除了彩陶上的自然之形，在玉雕、铜器的造型纹饰上也能看到一些端倪，那就是鸟兽之形。从史前到商周，动物形玉器有很多，如红山文化有鸟、鸮、龟等，基本模仿动物本体，惟妙惟肖。在西周虢国墓地也出土了许多动物形玉器，商周时期动物造型的青铜器更是充满古人的智慧与想象。动物题材一直是中国传统文化的主

图2-13　西周动物形玉饰集锦（组图）

要内容，绵延于各个历史时期，体现着人与自然的共鸣。展览选用了虢国博物馆藏出土于1990年河南省三门峡市虢国墓地M2009号仲墓和1991年M2011号太子墓、M2012号季夫人墓中的蚕、蝉、燕、鸮、鸬鹚、鹦鹉、凤、鱼、兔、牛、鹿、虎、兽面、大象等玉饰（图2-13）。这些玉饰雕琢工艺精细，选料高级，刻画形象惟妙惟肖。山西博物院藏1956年山西省石楼县二郎坡村出土的商代青铜鸮卣（图2-14），形如两鸮相背而立。盖为双鸮首，环目，尖喙，弯眉，盖中

图2-14　商代青铜鸮卣

央置四阿顶方柱钮，饰雷纹；腹作双鸮身，子口微敛，垂鼓腹饰卷曲羽翼纹；身下
为四爪，两两相背，盖腹相合，两鸮昂首背立。此件青铜鸮卣是商代晚期青铜器精
品，不仅实用，也是精美的艺术品。同时双鸮并立、合而为器的工艺，又与本次展
览的和合精神高度契合，形神兼具，成为展现展览主题的"活教材"。

图2-15　新石器时代八孔骨笛〔左〕
图2-16　新石器时代龟甲响器〔带石子〕〔右〕

3.天籁之音

　　"和"之本义是声音相和，广义而言，音乐的本质就是"和"，古人在倾听天籁之音时，心声相和。从远古至今，早期乐器与音乐的发展，见证了人对自然的认知与探索，体现了人与自然、人与人的和谐与共融，直到形成华夏的礼乐文化。展览以八音为界，展品有河南省文物考古研究院藏河南省舞阳贾湖遗址出土的新石器时代八孔骨笛（图2-15），长22.7厘米。骨笛通体棕色，把握光滑。笛身钻有八孔，音孔列基本为一条直线，孔较圆，中部第六孔及后部残。笛首内径略大于笛尾内径。贾湖骨笛距今7800 — 9000年，是中国考古发现的最古老的乐器实物之一，用鹤类尺骨管制成，能够演奏传统的五声或七声调式的乐曲，改写了中国音乐史。同样是舞阳贾湖遗址出土的新石器时代带石子（石子14粒）的龟甲响器（图2-16），1979年河南长葛石固遗址出土的裴李岗文化骨哨，和贾湖骨笛一样，是迄今为止我国发现的年代最早的一批乐器实物。这些乐器均取材于自然，也模拟自然之声，是最早体现"和"字声音和本义的器物。

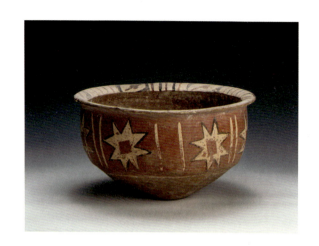

图2-17　新石器时代大汶口
文化八角星纹彩陶深腹钵

4.星空

　　对自然风雨等自然现象及天文的记载，体现了人对自然的认识及顺应、与自然的和谐共处。江苏邳州大墩子遗址出土的新石器时代大汶口文化八角星纹彩陶深腹钵（图2-17），高21厘米、口径39厘米。钵的宽斜折沿上均匀绘有多组含叶脉的叶片纹，间绘红黑直线。腹部用白彩在深红色陶衣上绘有五个方形八角星状纹饰，其间以两列白彩竖线间隔，八角星是大汶口文化早期彩陶的重要母题。八角星纹最早出现在8000年以前，有学者认为八角星纹表示的是早期八卦图，带有八角星纹的玉版是古老的"河图洛书"；还有学者认为它是古人用于观察太阳并借此标示时辰、方位的，是一个比较完备的宇宙系统。八角星纹所透露出来的远古信息，有待于深入探讨。此外，还有辽宁省博物馆藏元代四神廿八宿纹铜镜及民国时期的南宋天文图拓本，这些文物构成了古人对宇宙的认识过程，从粗浅的星空描述到科学测算天文绘制图像的过程，也正是古人从对宇宙的初识到深刻认知的过程。

图2-18　新石器时代红山文化玉雕玦形龙

5.信仰

　　从自然之形到自然之音，再到对宇宙的认知，先人对自然的认知越来越深刻。人在与自然的共处中，由对自然物和自然力的崇拜产生原始的信仰。随着人类的进步与历史的发展，人对自然的认识也日益扩展，天地人合，形成中华民族独有的思想观念。辽宁省博物馆藏辽宁朝阳牛河梁遗址出土的新石器时代红山文化玉雕玦形龙（图2-18），高15.7厘米、宽10.4厘米、厚4.3厘米，通体厚重，制作规整，是已发现红山文化玉龙中最精致的一件。特征为肥首大耳，约占全躯之半；双目圆睁，外雕双连弧曲眶线，使额部如后来商代特有之菱形纹；

鼻部加刻数道皱纹，吻较长，与蜷曲之尾衔接，犹未断开，处于较早阶段。此件玉雕玦形龙造型雄浑粗犷，充分体现了红山文化玉器的艺术风格与时代气息。玉雕玦形龙又称"玉猪龙"，是红山文化最具特征的玉器之一，是一种经过神化变体的动物造型。红山文化玉器是具有沟通人神功能的礼器，大多出土于与原始宗教祭祀活动有关系的遗迹，墓葬中的随葬品更是以玉器为主。虢国博物馆藏 1990 年河南省三门峡市虢国墓地 M2009 虢仲墓出土的商立鸟人面玉佩、衔尾龙形玉佩、人形玉佩、人龙合纹玉佩、C 形龙形玉佩、龙首戈形玉佩、凤形玉佩，1991 年虢国墓地 M2011 虢太子墓出土的西周人形玉佩，1991 年虢国墓地 M2006 孟姞墓出土的西周夔龙形玉佩等，这些雕件的形象是对人们的信仰境界的一种具象表现。

6.八卦阴阳

八卦阴阳，是从信仰与对自然界的观察逐步形成的一种规律的总结。《周易·系辞上》："河出图，洛出书，圣人则之。""河图洛书"历来被认为是《易经》、阴阳五行乃至中华文明之源。太极、八卦、九星等数学基本概念皆可追溯至此，它被誉为"宇宙魔方"。伏羲氏依照"河图"画出八卦，八卦是中国文化的基本哲学概念，《易传》认为八卦主要象征天、地、雷、风、水、火、山、泽八种自然现象。《道德经》第四十二章："道生一，一生二，二生三，三生万物。万物负阴而抱阳，冲气以为和。"《淮南子·天文训》："道（曰规）始于一，一而不生，故分而为阴阳，阴阳合和而万物生。故曰：一生二，二生三，三生万物。"这些体现了"阴阳合和而万物生"的观念。这部分展品组合从古籍到器物，从象数易学到阴阳和合的观念都与生活密切相关。展品选用辽宁省博物馆藏南宋朱熹撰《周易本义》，纵 26.8 厘米、横 16 厘米，清同治十三年（1874）湖南书局刻本。这是朱熹注解《周易》的著作，也是易学史上继王弼注、孔颖达疏之后的第三座里程碑。朱熹在书中提出"《易》本卜筮之书"，强调《周易》卦爻辞出自周文王，传文出自孔子。《易经》

图2-19　辽代三彩釉印花太极图执壶

是孔子哲学思想的来源，《周易本义》是对孔子哲学思想的诠释。《周易本义》卷首的"河图洛书"等九图，至今仍是学者热议的话题。

　　本单元最后一件展品是辽宁省博物馆藏辽代三彩釉印花太极图执壶（图2-19），通高 21 厘米、口径 3.7 厘米、底径 10.8 厘米 ×8.9 厘米。壶体为扁圆形，圆口，曲柄，管状短流，圈足。胎质灰白闪红，挂白粉；通体施黄、绿、白三色釉。水波纹地，上浮有如意流云带。柄外施绶带纹，管状短流作牛首张口状。壶身两面印相同的凸起花纹，中心一朵莲花内饰有太极图式花纹，勾画出"始于天然、载于天道"的审美意境。此壶构思巧妙，制作精细，花纹别致，装饰富丽，是辽代陶瓷中的佳作。

第一单元的展览就是以这六组文物讲述和合思想的发端及形成、发展及升华，娓娓道来。

（二）乐山乐水　谐和自然

作为自然的产物，人和自然是一体的，自然万物应该和谐共处。与大自然对话，与大自然相谐，以大自然作比，实现"天人合一"，是一种超脱的时尚，是一种洁身自好的境界。自然对中国人的精神世界产生了深远影响，伯牙钟子期巍巍乎高山、汤汤乎流水，识我心中山水者，即是知音；陶渊明采菊东篱下，悠然见南山；李白遥望敬亭山，相看两不厌。生态文明让传统文化别开生面，也让千古流传的中国故事岁月缱绻，葳蕤生香。

这一单元分"见山见水""乐山乐水"两个文物组。本单元展品以辽宁省博物馆藏书画为主，通过以"溪山""听泉""山行"为主题的三组文物让观众见山见水，"兰亭叙""见南山""踏歌游"三组文物让观众体会到看见山水后文人情怀升华到乐山乐水的境界。

1.见山见水

人们眷念、陶醉和寄情于山水，这是一种文化精神情怀，凝聚着中华民族崇尚自然的情感与丰富的审美体验。人们在山水中安顿、释怀、放逸，通过笔墨来表达自己的内心和品格，通过笔墨反映出中国传统哲学中的"天人合一"。

（1）溪山

本单元第一件展品是五代董源的《夏景山口待渡图》（图2-20），绢本设色，画心纵 49.8 厘米、横 329.4 厘米。董源（？—962），字叔达，钟陵（今江苏南京，

图2-20　五代董源《夏景山口待渡图》（局部）

一说江西进贤）人，后唐中主时曾任北苑副使，故称"董北苑"，擅画山水，开创了"平淡天真"的江南山水画风格，是"南宗"山水画的代表画家。此卷描绘的是江南山水景色，江水蜿蜒于群山之间，草木丰茂，点染皴擦中尽显江南山水秀润之境。引首有明代董其昌书题，卷后有元代柯久思、虞集等人题跋，是董源传世绘画中极为精妙的一幅作品。用这幅画作开头，不仅仅是因为这件山水画题材的展品年代最早，而且因为其是南派山水画的代表作，是我们现在能看得到、触摸得到的人文情怀。苍茫的远山，近处的坻岸，夹一莽莽江水，红衣人在岸上等候，在山水间是如此渺小而又如此鲜活。

　　王蒙（1308—1385），字叔明，号黄鹤山樵，吴兴（今浙江湖州）人，赵孟頫外孙。他的画风深受外祖父影响，又自出新意，独具风貌。后人将其与黄公望、吴镇、倪瓒合称为"元四家"。王蒙所作《太白山图卷》（图2-21），纸本设色，画心纵27.4厘米、横238.2厘米，所绘为浙江鄞县（今宁波鄞州区）太白山及周围景致，重峦叠嶂，绵延不绝，苍松丹桕、溪流拱桥、曲径通幽、

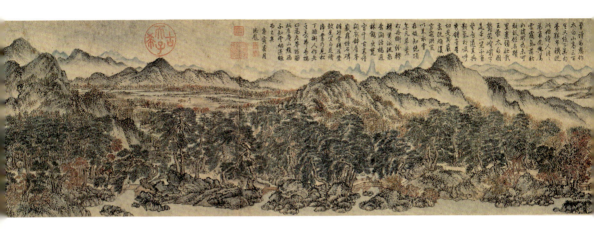

图2-21　元代王蒙《太白山图卷》（局部）

林荫夹径，骑马、步行、执杖、挑担等各色游人行走其间，绘就一幅山水与游人相映成趣的美景。全篇用笔繁密，以朱砂、花青点染，技法高超，别具一格。

展厅以此画卷为底本，打造了沉浸式的数字体验空间，展现太白山春夏秋冬一年四季及白天黑夜的轮转，配以悠远的古乐，观众可以在数字自然中冥想，体会仰望星空、万物从容的境界。

辽宁省博物馆藏元代赵孟頫行书《苏轼〈烟江叠嶂图诗〉》（沈周、文徵明补图）是另一幅山水题材的重量级画作。此卷赵孟頫大字行书《苏轼〈烟江叠嶂图诗〉》（图2-22），通篇飘逸俊秀，清新妙丽，挥洒自如，韵味无穷。卷前有李东阳篆书引首，卷后有廷壁题诗及明代沈周、文徵明补图。沈周画出诗意，远山峰峦起伏，云海霭霭，弥漫江天。石壁间流泉潺潺，林木遍布，江中一扁舟，二翁垂钓。岸边有两人行走于羊肠小路，似赴草屋酒家。虽非写生之作，但画家胸中有丘壑，老笔苍劲，精益求精。文徵明画群山叠嶂，溪水连绵，烟树迷蒙，境界旷远。此图构图平稳，造型疏秀，用笔点染，气势非凡。诗意画图，人在山水间，见山见水见人物。

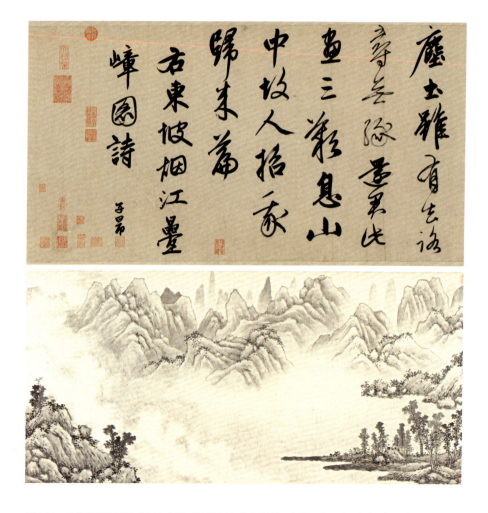

图2-22　元代赵孟頫行书《苏轼〈烟江叠嶂图诗〉》及沈周、文徵明补图（局部）（组图）

本单元还有一幅元代佚名《子方扁舟傲睨图》（图2-23），画心纵 166.0 厘米、横 111.9 厘米，绢本设色。画中远处青山连绵，近处坡岸苍松，舟子操楫，一叶扁舟从松石后摇出，船尾隐没在岸边岩石之后。舟中老者着儒服，戴方巾，摇羽扇，倚曲几，身边置一琴，身前案几上一函书、一炉香、一托盏、一花觚。童子蹲在莲花托座的风炉边烹茶。整体画面中白衣儒士隐几而坐，书案、经帙、瑶琴围绕，童子吹炉烹茶，舟子操桨，怡然自得之意跃然纸上，栩栩如生，透露出静谧恬淡的风雅之意。山无水不灵，但山水之间若没有人，也少了一些灵气，山水与人相结合、相适应、相和谐的状态，凝聚着中华民族崇尚自然的情感与丰富的审美体验，也反映了中国传统哲学中"天人合一"这一重要思想。

画上方有元代张雨题诗："山色晴如绿鹦鹉，松声凉似海波涛。浮家泛宅江湖梦，不及髯翁宴坐高。"句曲外史张雨题子方扁舟傲睨图，庚寅春二月望。

这是一幅避世隐居题材的典型画作，诗画唱和间将这种文人风度与隐逸乡野的心声表露无遗，《子方扁舟傲睨图》正是这一时期江南文士的状貌写照。儒士陆子方泛舟山水间，童子吹炉烹茶，舟子操桨；所表现的寄情于山水，怡然自得，无不与茶息息相关。"茶"字拆开，就是"人在草木间"。这体现了中国人"天人合一"的哲学思想，那份优雅和从容，依旧是我们今天对美好生活的向往。

透过《夏景山口待渡图》《太白山图卷》等书画名品，观众能够体会到，无论写实的景色，还是意象的山水，画家与画作最终想达到的还是"天人合一""物我协同"的精神境界。

（2）听泉

古代文人士大夫乐于作山水画，将自己的精神寄托于山水之间，"听泉"是他们喜爱的绘画题材之一。这类题材的画作所表现的场景往往是在群山之中，溪水顺流而下，山中楼阁，文人雅士聚会，畅谈天地；或置身于山谷，耳听松风，目视飞瀑。"独有幽人心不竞，坐听寒玉竟迟留"，体现了古人追求自然、与自然为伴的理念。

这一单元的主要展品有明代蓝瑛的《春阁听泉轴》，还展出了清代潘思牧的《仿

图2-23　元代佚名《子方扁舟傲睨图》

文徵明听泉图轴》、清代傅雯的《指画听泉图册页》、明代杜玄礼的《听泉扇面》、清代恽寿平的《仿黄公望听泉图册页》、现代谢稚柳的《山阁听泉图轴》等以"听泉"为主题的精品画作。清代潘思牧《仿文徵明听泉图轴》（图2-24），纸本设色，画心纵65.0厘米、横29.7厘米。潘思牧（1756—？），字一樵，一作樵侣，丹徒（今江苏镇江）人，与潘恭寿同族。山水远宗黄公望，近法董其昌，笔沉着而墨罨润，画品不在潘恭寿下，亦工写真。画面有一红衣儒者，临水而坐，侧耳倾听，潺潺流水。灰蒙蒙的画面，唯有人物的一袭红衣醒目，人与自然相得益彰，自然之中有人的身影，人又在自然之中聆听体悟。

（3）山行

《溪山行旅图册页》《秋山行旅图卷》《溪山行旅图轴》《秋山行旅图卷》《仿郭熙秋山行旅图轴》等体现了"高岳万丈峻，长湖千里清"，山峰的高峻挺拔与行旅人物的渺小形成了鲜明的对比。密林和气势雄壮的山峰，"外师造化，中得心源"，旅人行走在山中、林中，无论是行色匆匆，还是怡然独行、欣赏景致，山路与人都融合为一体，又何尝不是一种"天人合一"的境界？

宋代佚名《溪山行旅图册页》（图2-25），绢本水墨，画心纵24.5厘米、横24.8厘米。此幅山岩嵯峨，清波浩渺，曲径环山，一人鞭牛行进，二人骑驴缓行，近处小桥流水，远处丘陵起伏，疏淡迷蒙，层次分明。山间行旅，这一题材为古人常采用。画家一般将画作中的行旅置身于高峻邈远、荒寒冷寂的山水自然之中，流露出自身对行旅、对人生的种种思考。

明代陈焕《秋山行旅图卷》（图2-26），纸本设色，画心纵285.0厘米、横31.3厘米。陈焕，字子文，号尧峯、尧峰山人，江苏苏州人。工山水，取法沈周，用笔苍老，势极空远，以画著称于万历间。此幅画作用笔粗重苍老，体势宏大，得沈周画法三昧。画面为在崇山峻岭间，有小桥溪水，旅人行走其间，是人在山水中行走，亦是感受自然、体悟人生的过程。

图2-24　清代潘思牧《仿文徵明
听泉图轴》

图2-25　宋代佚名《溪山行旅图册页》（上）

图2-26　明代陈焕《秋山行旅图卷》（局部）（下）

2.乐山乐水

人在山水间，第一重境界是"看山是山，看水是水"；第二重境界是"看山不是山，看水不是水"；第三重境界是"看山还是山，看水还是水"。这三种境界也反映出人生的三种境界，也就是在山水间的体悟。

"山不在高，有仙则名"，山和人的交融，使山有了超然的灵性，"醉翁之意不在酒，在乎山水之间也。山水之乐，得之心而寓之酒也"。刘向《说苑·杂言》记载："子贡问曰：君子见大水必观焉，何也？孔子曰：夫水者，君子比德焉。遍予而无私，似德；所及者生，似仁；其流卑下，句倨皆循其理，似义；浅者流行，深者不测，似智；其赴百仞之谷不疑，似勇；绵弱而微达，似察；受恶不让，似包；蒙不清以入，鲜洁以出，似善化；至量必平，似正；盈不求概，似度；其万折必东，似意。是以君子见大水必观焉尔也。"水让人有德、仁、义、智、勇等方面的感悟，是以君子临水而有感，不仅是"子在川上曰：逝者如斯夫"，还有以水比德，超然物外。

（1）兰亭叙

兰亭是中国传统文化中山水之乐永恒的主题，从王羲之《兰亭序》开始，历代书画佳作层出不穷，一同描绘"暮春之初，峻岭之间，清流之旁，群贤列坐，曲水流觞。仰观宇宙，俯察品类。畅叙幽情，快然自足，信可乐也"的兰亭之景。

这一组以兰亭为题材的展品，以湖南省博物院藏长沙马王堆利豨墓出土的云纹漆耳杯——曲水流觞中的"觞"为引领，由唐代黄绢本《兰亭序》《开皇刻兰亭诗序卷》《兰亭集序图卷》《兰亭诗序扇面》等组成展柜内的"兰亭雅集"，一起"叙述兰亭"，深化了观众对《兰亭序》及古代士人精神世界的认识和理解，也让乐山乐水这千古流传的中国故事葳蕤生香。如从湖南博物院借展的唐摹《兰亭序》（黄绢本）（图2-27），书心纵24.5厘米、横65.6厘米。绢本，黄褐色，称为"黄绢本"。原托名为褚遂良所书，作为唐代初期的书法作品流

图2-27　唐摹《兰亭序》（局部）（黄绢本）

传至今，不仅可以使我们认识唐代早期书法的风尚，而且此卷是王羲之《兰亭序》早期五种墨迹摹本中较精好的一件，充分展现了王羲之高超的书法技巧和书写过程，让人们至今仍可感受其书法艺术及文笔的魅力。

　　辽宁省博物馆馆藏《兰亭集序图卷》，是祝允明以行书临《兰亭序》全文和文徵明为之补《兰亭修褉图》的书画合璧作品（图2-28），书心纵22.9厘米、横48.8厘米；画心纵20.8厘米、横77.8厘米。引首有王奉直篆额，卷后有文徵明自题及清王澍跋。《石渠宝笈续编》著录为《明祝允明书〈兰亭序〉文徵明补图卷》。祝允明书法宽博雄放，独具风神；文徵明补图画王羲之等人兰亭修褉之事，设色雅丽，笔墨娴熟。在画史上，文徵明与沈周、唐寅、仇英合称"明四家"。在文学上，文徵明与祝允明、唐寅、徐祯卿并称"吴中四才子"。这幅作品不仅是兰亭山水之乐的佳作，也是二人追求隐逸自由的代表作。

图2-28　《明祝允明书〈兰亭序〉文徵明补图卷》（局部）

（2）见南山

　　自然的芳草鲜美，落英缤纷；人间的往来种作，怡然自乐。为了心中的桃花源，为了绿水青山，人们付诸行动，砥砺前行。陶渊明的归隐田园及其《饮酒》《桃花源记》《归去来兮辞》所表达的正是这般意境，"采菊东篱下，悠然见南山"正是人们回归自然的情愫，也是山水之乐的源泉。这一单元展品以展现陶渊明诗意的书画作品为主，如明代马轼、李在、夏芷的《归去来兮辞图卷》（图2-29），纸本墨笔，画心纵27.7厘米、横619.0厘米。绘陶渊明《归去来兮辞》情境，共九段，现存李在三段"云无心以出岫""抚孤松而盘桓""临清流而赋诗"，马轼三段"问征夫以前路""稚子候门""农人告余以春及"，夏芷一段"或棹孤舟"，第一段与第八段原作已佚，现存此两段为清代画院画家补绘。整幅画面以简洁而流动的笔法勾画人物，构图精妙，笔力雄健，表现了人们向往自然、欲回归自然之心。如李在取"云无心以出岫，鸟倦飞而知还"诗意，描绘了诗人独坐在山峰上，仰望归鸿和远山秀色，一侍童携杖侍立其后。画面构图

图2-29　明代马轼、李在、夏芷《归去来兮辞图卷》（局部）

疏朗开阔，描绘了诗人归隐后陶醉于大自然的情景，展现了诗人的胸襟，创造性地表达了原文的意境。

（3）踏歌游

人们在山水间宴集，乐哉；在山水间行游，悠哉。观巴陵胜状，把酒临风，心旷神怡。不以物喜，不以己悲。琅琊醉翁亭，野芳幽香，佳木秀繁。山水之乐，得之心而寓之酒。人们在山水间宴游欢乐，却获得“先天下之忧而忧，后天下之乐而乐”的感悟。这一单元的展品以游乐为主题，绘画作品有明代朱竺《雅集图扇面》、清代俞龄《西园雅集卷》、明代沈周《千人石夜游图》、清代沈荣培《赤壁夜游图轴》等；书法作品有明代文徵明行书《西苑诗卷》、明代方大猷行书《游泰山诗屏》及清代王文治行书《游春词轴》等。明代沈周《千人石夜游图》（图2-30），纸本墨笔，纵 30.1 厘米、横 157.0 厘米。沈周（1427—1509），字启南，号石田，长洲（今江苏苏州）人，不应科举，专事诗文、书画，是明代中期文人画“吴派”的开创者，与文徵明、唐寅、仇英并称“明四家”。

图2-30　明代沈周《千人石夜游图》

　　《千人石夜游图》为沈周晚年佳作，绘虎丘胜景之"千人石"景致，后有作者题《千人石夜游》长诗。画面上石台右侧，一高士策杖，极目远眺，朴实地描绘出月夜静石台、心地自清幽之景。这描绘的正是沈石田在月夜独自策杖夜游虎丘千人石的情景，画家在描绘千人石的实景特征时，点到即止，留给观者对"自然山水"与"胸中丘壑"二者联想的空间。《千人石夜游》整篇诗文清新晓畅，先是描绘了千人石于山石环抱中平展如磨刀石的独特景观和白天的喧闹，随后笔调一转写自己夜游的发现，"月皎光泼地，措足畏踏水"，既突出了这里月光的皎洁，也暗合了千人石平坦如砥的独特之处，足见沈周夜游时的四听阒然，而有风声、竹声等天籁。这能澄人心神的夜游，正是本组展品想向观众展示的乐游山水的意境。

三、"人心和善"：道德观

　　自古以来，和善、友爱在中国人的价值观念中根深蒂固，《礼记·大学》云："大学之道，在明明德，在亲民，在止于至善。"人心和善的道德观是中国传统文化伦理道德思想的核心部分，也是中国和合文化的重要组成部分。"温、良、恭、俭、让"，以和善为行为准则来规范人们的行为；要求人们积德行善，自觉追求"仁""义"，使自身拥有"君子""圣人"的优秀品质。以和为贵，与人为善，己所不欲、勿施于人等理念在中国代代相传，深深植根于中国人的精神中，深深体现在中国人的行为上。

　　这也是"人心和善"这一部分想要向观众传达的传统道德观，分为"崇德向善　仁孝为本""格物致知　知行合一"两个单元。根据展览的主题，集合楹联、书画、碑拓等展品，以书画作品本身所书所画的内容来直观地展示和合文化所蕴含的道德观（图2-31）。

图2-31　第二部分"人心和善"序厅

（一）崇德向善　仁孝为本

美德的内容丰富博大，包罗社会生活的方方面面，而仁爱、孝悌二者一直占据主流，广泛被人们所接受和恪守。

1.仁和温良

《礼记·儒行》云："温良者，仁之本也。"仁、义、礼、智、信是儒家五常，"仁"为"五常"之首，"爱人"是孔子对"仁"的高度诠释。只有温和善良，才能由己爱人，存仁心，施仁行，成为"君子""圣人"。首件展品选用的是馆藏的两副对联，一是清代吴淦（1839—1887）《比德、如松八言联》，行书"比德于玉圭璋特达；如松有节枝叶贯时"；二是清代徐用仪（1826—1900）《秉史、依仁八言联》，行书"秉史宗经学人所贵；依仁扶义儒者之文"。这两副对联的作者名不见经传，尤其是在辽宁省博物馆馆藏作品众多的书画名家里几不可闻，但将这两副对联用在"道德观"展览的开头部分，内容契合展览的主题表达，直观且直白，不用讲解，通俗易懂（图2-32）。

本组文物还选取了南宋高宗赵构书、马和之画《鲁颂三篇图卷》（图2-33），绢本设色，书心纵25.6厘米、横299.3厘米。此作通过描绘牧马盛况，赞颂鲁国国君僖公宽以爱民、务农重谷，以建造閟宫神庙为素材，赞颂僖公仁治之道。另有清道光皇帝楷书《乐毅论卷》，乐毅以百倍齐军之众围齐残破之城，数年未攻破，并非因没有破城之策，而是不愿生灵涂炭，想施用仁义之举降服齐民，以此来展现中国"圣人""君子"文化中的价值观：仁、义、礼、智、信。

2.孝承家和

早在西周，孝道便已成为社会道德教化的核心内容，孔子在创建以仁为核

图2-32　清代吴淦《比德、如松八言联》〔左〕；清代徐用仪《秉史、依仁八言联》〔右〕

图2-33　南宋高宗赵构书、马和之画《鲁颂三篇图卷》（局部）

心的儒家伦理道德体系时把孝放在首位，强调"孝悌也者，其为仁之本与"。孝的伦理观念是中华民族生生不息的重要精神基因，孝行作为"百善之首"已经融入中国人的血脉中，历来备受推崇。孝道关乎家庭和睦、社会和谐，正所谓"国风之本在家风，家风之本在孝道"。展览选取了《孝经图》《汪氏报本庵记》等文物，将其组合在一起来体现本单元的内容。

　　《孝经》是儒家经典之一，孔子后学所著，专门阐述"孝"。《孝经》通过孔子与弟子曾参对话的形式，对"孝道"进行系统论述，认为孝是"德之本""至德要道"，把孝提到"天之经，地之义"的高度，概括孝的表现是"始于事亲，中于事君，终于立身"，提出"以孝治天下"的主张。《孝经》所提倡的尊老爱幼、老有所养等美德至今仍具有鲜活的生命力。辽宁省博物馆藏南宋佚名《摹孝经图卷》根据儒家经典《孝经》所绘（图2-34），绢本设色，画心纵 19.7 厘米、横529.0 厘米。计十八章，右书左画。此卷经清代《庚子销夏记》《石渠宝笈初编》

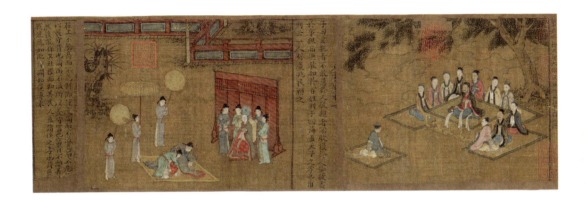

图2-34　南宋佚名《摹孝经图卷》（局部）

等著录，皆以为褚遂良书、阎立本画，今被鉴定为南宋人作，从避讳字来看，"敬""让"二字均未缺笔，而第十六章"慎"字缺笔，避南宋孝宗赵昚讳，第十七章"匡"字亦缺笔，可见此卷最早应为南宋孝宗时所作。

　　南宋张即之的行楷《汪氏报本庵记卷》（图2-35），纸本，书心纵29.3厘米、横91.4厘米。张即之（1186—1263），字温夫，号樗寮，历阳（今安徽和县）人。擅长楷书和榜书，尤喜作擘窠大字。《汪氏报本庵记》原为南宋中期起居郎兼中书舍人、文学家楼钥为其外祖父家汪氏祭修茔墓所撰，叙述"报本庵"建成始末及汪氏子孙的至诚孝道。张即之书写的这幅长卷结构谨严，以力见长，运笔流畅，是张氏传世墨迹中的杰出之作。

　　《顾生孝感记图卷》（图2-36），纸本设色，书心纵22.2厘米、横524.0厘米。顾生即顾淳，是文徵明好友顾福（号思云）之孙，家风甚好，性行端谨，尤重孝道。其父患有经久难愈的"头风"之疾，在无计可施之时，顾淳割下发际之肉投药供父亲服用，竟然治好了头疾，"割体愈亲之疾"之举不胫而走。此卷文徵明图绘林间

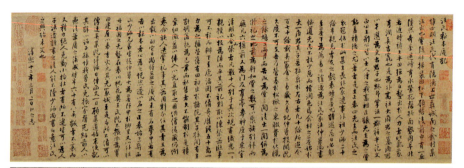

图2-35　南宋张即之《汪氏报本庵记卷》（上）
图2-36　明代文徵明、文彭《顾生孝感记图卷》（局部）（下）

茅屋内顾淳服侍病父之情景，画风淡雅；其子文彭以小楷书《顾生孝感记》，
详细叙述顾淳的孝感事迹，并阐述了对孝道的理解。

（二）格物致知　知行合一

中华文化一贯讲求知行合一、经世致用，从"周虽旧邦，其命维新"到"天
行健，君子以自强不息"，从"修身、齐家、治国、平天下"到"为天地立心，

为生民立命，为往圣继绝学，为万世开太平"，人们在探索自我修养以及人与人、人与社会的和谐中，形成了独具特色的世界观与价值观。正如《礼记·中庸》所云："好学近乎知，力行近乎仁，知耻近乎勇。知斯三者，则知所以修身；知所以修身，则知所以治人；知所以治人，则知所以治天下国家矣。"

本单元通过"文以载道""修身养性""格物致知"三个文物组，展示中国古代文人在探索自我修养以及人与人、人与社会的和谐中的"修身、齐家、治国、平天下"。

1.文以载道

此处的"文"指文字、文章，文化的传承、精神的弘扬都是以文字文章为载体的。赵孟頫的章草《急就章》、欧阳询的《千字文》、宋徽宗的草书《千字文》，所书所写的都是汲取中国传统智慧的启蒙教育读物。《急就章》为西汉元帝时（公元前48年至公元前33年在位）黄门令史游作，是中国古代教学童识字、增长知识、开阔眼界的字书，在古代常被用作识字课本和常识课本。汉代教学童识字的书，如《仓颉篇》《训纂篇》《凡将篇》《滂喜篇》等都已亡佚，只有《急就篇》流传下来。全书为三言、四言、七言韵语，不仅为识字而设，还有传播知识、以应实际需要的意思。《千字文》为南朝梁武帝指令给事郎周兴嗣用1000个不同的字编写的文章，四字一句，对偶押韵，便于记诵，用作儿童启蒙读本，从唐朝开始盛行，直至今日仍被人传诵。展览选择了馆藏元代赵孟頫草书《急就章》（图2-37）、北宋徽宗赵佶草书《千字文》（图2-38）、唐代欧阳询行楷书《千字文》（图2-39），这三件珍贵的书法作品的震撼力是一般线装书所无法比拟的。

在展示过程中，一方面，量身打造的书画展柜可以将宋徽宗这件近12米长的草书《千字文》全卷展开，同时在展柜上方的玻璃面上以数字化形式演绎这件书法作品的书写过程，非常吸睛。另一方面，出于文物保护的考虑，宋徽宗这件草书长卷仅展半程，并换成复制品，下半程展出欧阳询近3.05米长的行楷书《千字文》，

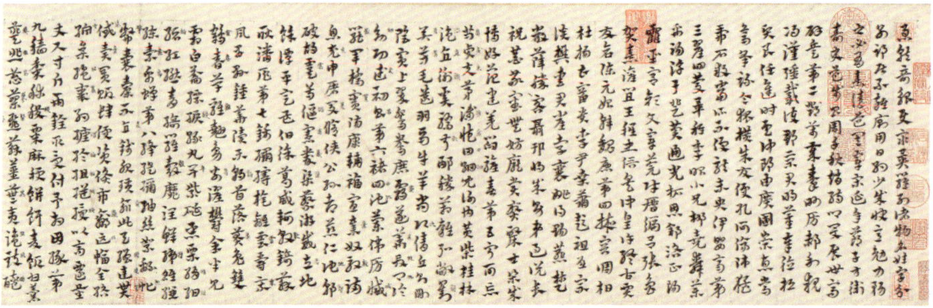

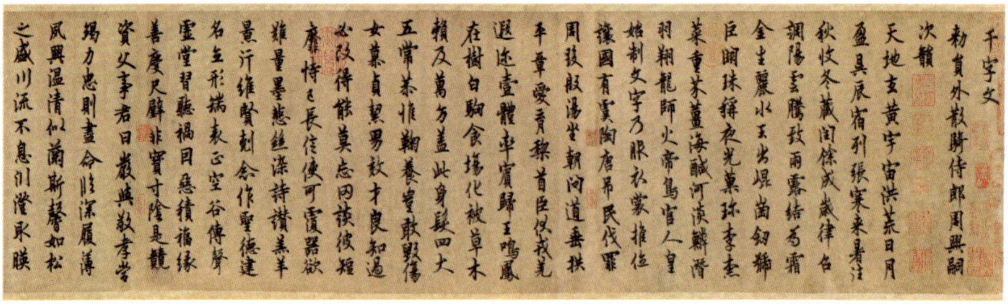

图2-37　元代赵孟頫《急就章》（局部）（上）
图2-38　北宋徽宗草书《千字文》（局部）（中）
图2-39　唐代欧阳询行楷书《千字文》（局部）（下）

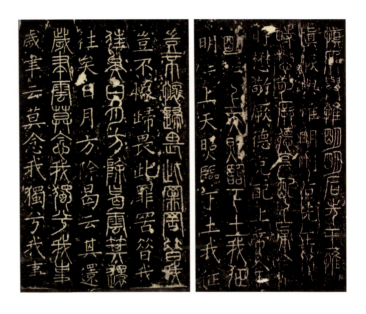

图2-40　清拓《开成石经册》

再配合展柜上方的数字化展示，展示效果引人注目。

　　除了展示这种启蒙读物，石经拓本也是重要的展品，石经是指镌刻于石上的整部经典著作，分儒、释、道石经三种。其中，自东汉起便开始刊刻的儒家典籍石经影响最广，是正定儒家经典的教科书，对于儒学道统的存续起到重大作用。馆藏的清拓《开成石经册》（图2-40），线装，尺寸不等。"开成石经"因刻成于唐文宗开成年间而得名，亦称"唐石经"，原碑最初立于唐长安城国子监内，宋时移至府学北墉（今西安碑林博物馆）。始刻于唐太和七年（833），开成二年（837）刻成。共计114石，文刻2面，上下分列8段，每段约刻37行，每行10字，共650252字。

内容包括了儒家最重要的 12 部典籍，分别是《周易》《尚书》《诗经》《周礼》《仪礼》《礼记》《春秋左氏传》《春秋公羊传》《春秋穀梁传》《论语》《孝经》《尔雅》。

2.修身养性

古人所谓的"修身养性"，实际上就是通过自我修炼来达到自我完善的一种途径，就是要把先贤之美德才学化为自身之习性功力。正心诚意，善思；自重言行、谦卑自守、见利思义，自胜；锲而不舍，金石可镂；己欲立而立人，己欲达而达人。

第一件展品是辽宁省博物馆藏明代唐寅的《茅屋蒲团图》(图2-41)，纸本设色，画心纵 82.4 厘米、横 27.7 厘米。绘有一茅屋，内有一士人，抱膝坐于蒲团之上。屋内几上放着书卷，士人似在诵读，表达的正是古人通过读书来修身养性。唐寅（1470—1524），字伯虎，号六如居士，吴县（今江苏苏州）人。擅长画山水、人物、花鸟等，山水画师法周臣，上溯李唐、刘松年，风格秀逸清俊，笔墨细秀，布局疏朗。人物画宗法唐代传统，多以仕女和历史故事为题材，色彩或艳丽或清雅，线条清细，人物体态优美。花鸟画洒脱随意，格调秀逸，长于水墨写意。他是吴门画派的代表人物，与沈周、文徵明、仇英并称"吴门四家"，亦称"明代四大家"。

除了读书，琴棋书画诗酒花香茶是古代读书人或士大夫修身养性的雅事，也是书画常见的题材。瀹茗即煮茶，是中国茶文化的饮茶活动之一。瀹茗之事，也常出现在古人的诗词文赋及绘画中，体现了文人雅士的闲情逸致。展品中有一件清代任颐的《瀹茗图》（图2-42），画心纵 111.0 厘米、横 55.5 厘米，纸本设色。画芭蕉、茶炉、茶鼎，绘一高古人士者瀹茗于芭蕉树下，右上题"敦筠仁兄大人雅正，乙亥仲冬伯年任颐"。"乙亥"为光绪元年，即 1875 年，任伯

图2-41　明代唐寅《茅屋蒲团图》（左）
图2-42　清代任颐《瀹茗图》（右）

年35岁，已享画名。任伯年善"写照"，为人画像一般会作题记，只是不知这幅画的上款"敦筠"所指何人。画中人物形象较为奇异高古，不似平常人物，与任伯年画的神仙高士风格相通。

3.格物致知

《礼记·大学》："古之欲明明德于天下者，先治其国；欲治其国者，先齐其家；欲齐其家者，先修其身；欲修其身者，先正其心；欲正其心者，先诚其意；欲诚其意者，先致其知，致知在格物。物格而后知至，知至而后意诚，意诚而后心正，心正而后身修，身修而后家齐，家齐而后国治，国治而后天下平。"

这段文字是古人对修齐治平前后关系的阐释，简洁明了，格物就是探究事物的原理，然后才能达到"致知"，把光明正大的品德推及天下。中华文化一贯讲求的知行合一、经世致用，形成了中国人独具特色的世界观与价值观。展品中有难得一见的南宋文天祥《木鸡集序卷》（图2-43）、南宋朱熹《大学或问》手稿（图2-44）、明代黄道周《榕坛问业册》（图2-45）等，这几件都是辽宁省博物馆馆藏中的精品。文天祥的书法出自《淳化阁帖》，师法二王，具有晋人风韵，博采唐人名家草书之长，却又具有自己的独特风格。本次展品《木鸡集序卷》是文天祥应同乡张疆之求而作，"木鸡"意取《庄子·达生篇》。文中阐述了治学的见解，强调学习应从难从严的道理，要先学《诗经》，后读《文选》，才能受益更快。《大学或问》是朱熹诠释《大学》的著作，与《大学章句》相表里。朱熹（1130—1200），字元晦，号晦庵，谥文，世称朱文公。朱熹是宋代著名的理学家、思想家、哲学家、教育家、诗人，闽学派的代表人物，儒学集大成者，著述甚多，有《四书章句集注》《太极图说解》《通书解》《周易本义》《楚辞集注》等，后人辑有《朱子大全》等。其中《四书章句集注》成为钦定的教科书和科举考试的评判标准。《榕坛问业》为黄道周家居讲

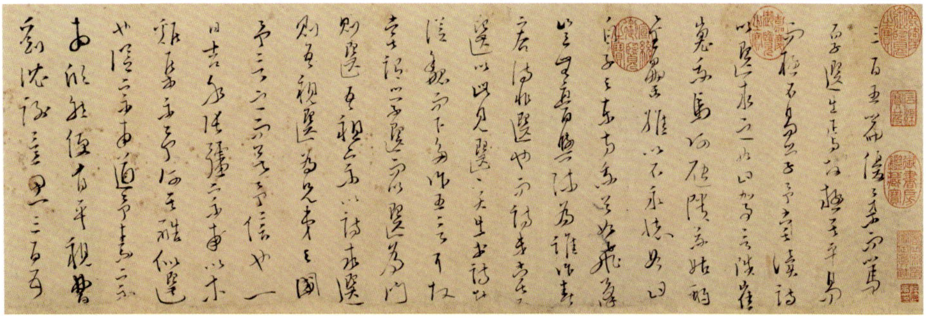

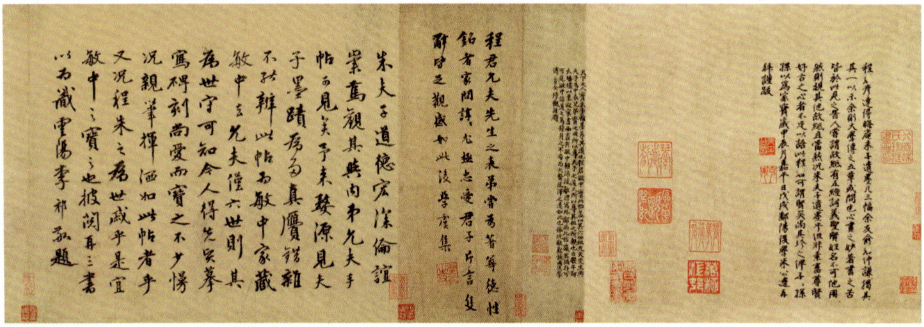

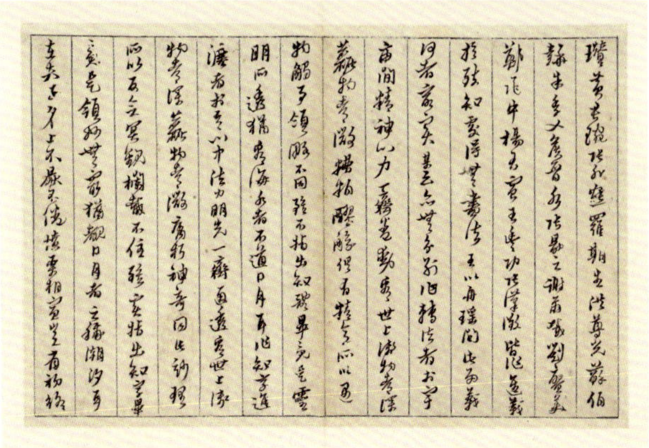

图2-43　南宋文天祥《木鸡集序卷》（局部）（上）
图2-44　南宋朱熹《大学或问》手稿（局部）（中）
图2-45　明代黄道周《榕坛问业册》（节选）（下）

学之语录。黄道周（1585 — 1646），字幼玄，号石斋，世人尊称其为石斋先生。其通天文、理数诸书，工书善画，诗文、隶草皆自成一家，先后讲学于浙江大涤、漳浦明诚堂、漳州紫阳、龙溪邺业等书院，培养了大批有学问、有气节的人。《榕坛问业册》记叙自甲戌（1634 年）五月至乙亥（1635 年）冬间讲学答问语录，共十八卷，讲学问答是围绕格物致知展开的，反映了明代对儒学经典的研究和领悟。

四、"和而不同"：社会观

"和而不同"是中华优秀传统文化的经典理念，蕴含着丰富的历史底蕴。中华和合文化和而不同、兼容并包的气质，以及其开放性、包容性，使中华文明历经数千年始终文脉不断、历久弥新。

第三部分"和而不同"分为"礼序乾坤　乐和天地""民惟邦本　和合共生"两个单元，解读了人类社会在物质文明和精神文明创造中，在矛盾的对立中寻求统一，从制礼作乐、规范社会的差异，到民生为本、本固邦宁，只有承认差别才能求同存异，社会才能真正实现和谐有序发展的社会观（图 2-46）。

图2-46　第三部分
"和而不同"序厅

（一）礼序乾坤　乐和天地

　　"礼乐"是中国古代文明的重要组成部分,礼求异、乐求同。《礼记·乐记》云:
"乐者,天地之和也;礼者,天地之序也。和,故百物皆化;序,故群物皆别。"
礼乐文明构成人与社会、与艺术完美而和谐的乐章。商周时期确立了礼乐制度,
中华"礼乐文化"奠定了中国"礼仪之邦"的基础。本单元通过"制礼作乐""金
声玉振""礼乐千年"三个文物组,用七鼎八簋八鬲、编钟编磬,以南宋高宗书、
马和之画《周颂清庙之什图》等,构成兼容并蓄、海纳百川的礼乐文化。

1.制礼作乐

　　周武王灭商后,天子分封诸侯,将同姓宗亲与异姓功臣分封到各地做诸侯,
以屏周室,形成了以周天子为中心的大王朝。为稳固统治,使天子与诸侯关系
和谐,周公旦总结血缘伦理与宗教仪轨制定了体现身份尊卑的典章制度——周
礼,以"礼"来区别宗法关系的等级秩序,同时又以"乐"来和同共融"礼"
的等级秩序,故而谓之"礼乐制度"。《周礼》成为华夏社会和谐的规范与准则,
礼乐文明在钟鸣鼎食中有节奏地协调互动。礼乐文化在中华文明史上创造了人
类的辉煌。

　　这部分陈列的是 1991 年河南省三门峡市虢国墓地 M2011 虢太子墓出土的
西周虢国波曲纹列鼎、窃曲纹带盖列簋、回首龙纹列鬲（图 2-47）。以列鼎为例,
最大的通高 38.4 厘米、口径 39.0 厘米、腹深 18.2 厘米,最小的通高 24.6 厘米、
口径 21.2 厘米、腹深 11.6 厘米,由虢国博物馆藏,一组 7 件,形制、纹样相似,
大小相次,应为一组列鼎。均为敛口,窄沿上折,立耳,半球状腹略鼓,平底,
蹄足粗矮,足内侧内凹,足下有范疵。沿下饰有 C 形无目窃曲纹,腹饰波曲纹,
耳部饰重环纹。该组器物庄重大气,做工精良,是西周列鼎制度的实证材料。《论

图2-47　西周列鼎、列簋、列鬲（组图）

语·学而》："礼之用，和为贵。"西周的礼乐制度主要体现在青铜礼器的配置上，
配置具有严格的等级规定。在祭祀、宴飨、随葬时，依使用者身份配置相应数量的
鼎、簋，天子为九鼎八簋，诸侯、卿大夫依次递减，尊卑分明，不得僭越。礼乐制
度有利于周王与诸侯之间关系的和睦稳定，社会和谐是圣人制礼作乐的本意。

2.金声玉振

"和"的本字是"龢"，常见于古代乐器铭文，是描述美妙声音的专字，初指声音相互应和，后引申为相安、协调、融合、和谐之义。礼，是天地间中正和谐的秩序、庄重恭顺的仪则；乐，是乐器演奏发出的有序而不混乱的音律，能使人调整情绪，陶冶人们的情操。在"礼"的仪式上，通过"乐"来调和"礼"的森严秩序，使人与人之间长幼有序、上下和睦、融洽相安，便达到了"和"。

河南省新郑市郑国祭祀遗址出土的春秋时期郑国编钟（图2-48），镈钟通高32.5—27.1厘米，铣长22.7—17.70厘米；钮钟通高27.7—14.10厘米，铣长16.8—8.4厘米。由河南省文物考古研究院藏。一组24件，镈钟4件，钮钟20件，钮钟分为两组，每组各10件。镈钟均为双龙首凸字形钮，方圆体，平舞，钮两侧及舞面都有半圆形外框，面有36枚，枚、钲、篆、鼓部都有阴线纹外框。钲部素面，篆部饰云雷纹，鼓部饰回首龙纹和圆目纹。钮钟均为梯形扁方体钮，合瓦体，平舞。1988年10月山东省阳信县城关镇西北村战国墓出土的石编磬（图2-49），最大通长74.5厘米、股博13.7厘米、鼓博11.5厘米；最小通长18厘米、股博5.2厘米、鼓博4.9厘米。由山东省阳信县博物馆藏。石质，一套共13面。出土时表面附有朱红色颜料，造型别致，棱角规整，大小有序，敲之音纯正，带有半音。

不同的声音和谐共处形成的谐音现象是一种自然现象。基本乐理揭示，八度、五度、大小三度和谐地凝聚于谐音列中，被早期的骨哨、骨簧、陶埙、陶铃等乐器有选择地表现出来，养成了人们的听觉偏好。周代双音钟的一钟双音三度音程结构，正是这一偏好的体现。人们把自然现象的"音程之和"类比为"和而不同"的社会观，象征中国传统和谐观的初步形成。《礼记·乐记》："乐至则无怨，礼至则不争。"周代的编钟、编磬属礼制乐器，是体现"和"从自然现象到人文观念的载体。

图2-48　春秋郑国编钟（上）
图2-49　战国石编磬（下）

图2-50　南宋高宗书、马和之画《周颂清庙之什图》（局部）

3.礼乐千年

　　礼乐文化孕育于夏商之际,西周初年,周公旦"制礼作乐",礼乐文化系统形成。
礼乐文化受到儒家诸子的极力推崇,孔子在继承西周礼乐制度的基础上, 将"礼
乐"的内涵演变为社会秩序下的"人伦和谐", 主张通过"礼乐教化"使人修
身悟道、谦和有礼、威仪有序、远近和合。

　　周代的礼乐形式如何? 以绘画展品为观众解答。辽宁省博物馆藏南宋《周
颂清庙之什图》（图2-50）,绢本设色,画心纵 27.5 厘米、横 743.0 厘米。此作
以《诗经·周颂·清庙之什》10 篇诗文为题材, 由南宋高宗赵构作楷书《清庙
之什》诗文,马和之绘图,右书左图,各幅相间,共十段,依次为:《清庙》《维
天之命》《维清》《烈文》《天作》《昊天有成命》《我将》《时迈》《执竞》

图2-51 北宋大晟南吕编钟

《思文》。《清庙之什》是西周初年周王朝祭祀宗庙的舞曲歌词，用典重的辞章歌颂祖先的功德并祈求降福子孙。此卷画面内容以祭祀场景为主，出现了成组的鼎、簋、鬲等青铜礼器与编钟等乐器，气氛庄重肃穆，图文并茂地展现了周代的礼乐制度。

　　"尊礼循乐"是儒家文化治国安邦的精神基础，"礼乐"由儒家文化承载，对后世产生了深远的影响，延续3000年而不衰。这从历代与礼乐有关的遗物中可以窥见，如辽宁省博物馆藏北宋大晟南吕编钟（图2-51）。此编钟高27.9厘米、宽18.45厘米，为椭圆筒形乐钟，仿春秋风格。甬部为透雕双龙钮，钟两侧有36个枚，钲部、舞部和篆部饰蟠虺纹，正面中部用阴线刻篆书"大晟"二字，背面正中钲部刻"南吕中声"四字，钟唇刻有横读"上京都僧录官押"七字。"大晟"是北宋徽宗创置的掌乐机关大晟府的标记，"南吕中声"指的是音律高低。大晟编钟是大晟府的重器，是宋徽宗赵佶于崇宁三年至四年（1104—1105）下令在京师所铸，是徽宗所制新乐——"大晟乐"的编钟之一。

靖康二年（1127）正月二十九日，此编钟被金人掠夺并送往上京，后为会宁府境内佛教寺院作为佛教乐器。金代正隆（1156—1161）、大定（1161—1189）年间，官府实施铜禁政策，民间有旧铜器须送交官府检验刻记，否则以私铸铜器处罚，因此这件编钟又被刻上"上京都僧录官押"一行小字铭款，"都僧录"是金代各京的最高僧政机关。此编钟一直流传在黑龙江省哈尔滨一带，新中国成立后才辗转归藏辽宁省博物馆。

今流传于世的大晟编钟有 20 余件，此为其中一件。此编钟是靖康之乱的珍贵见证，是研究宋代的庙堂乐制、青铜乐器及宋、金历史的重要物证。

（二）民惟邦本　和合共生

中华文化建立在农耕文明之上，民惟邦本，本固邦宁。《管子·幼官》："畜之以道则民和，养之以德则民合。和合故能习，习故能偕。偕习以悉，莫之能伤也。""田园耕织""吉祥如意""花好月圆""都市梦华"四个文物组，用《姑苏繁华图卷》《山溪水磨图》和青玉鸳鸯等文物，反映中国历史上物阜民丰、文化集大成的时期，可见和合文化藏于诗篇、散文、游记。山河入画、小品入景，文化的雄壮豪迈、气象万千，生活的闲适淡雅、宁静飘逸，虽各不相同，却相融相合。

1.田园耕织

在中华 5000 年的文明发展中，中国人一直追求并传承和平、和睦、和谐的理念。田园耕织是一种理想的社会模式，尊老爱幼、夫妻和睦、邻里团结、与人为善，是人与人之间的"和"。

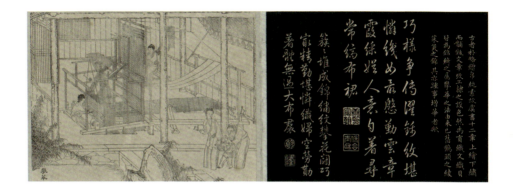

图2-52　清代《耕织图册页》（局部）

　　"耕织图"兴于南宋，流传至清代达到鼎盛。清代帝王都曾命宫廷画师创作耕织图，并题御诗，各版本层出不穷，形成了中国绘画史、科技史、农业史、艺术史中一个独特的现象，成为中国文化遗产的瑰宝。各版本历经千年流传至世界各地，被各国博物馆收藏。辽宁省博物馆藏清代《耕织图册页》（图2-52），共五十开，为清乾隆时期翻刻本。对题有墨拓乾隆书康熙诗及乾隆和诗。册前有乾隆题图序，并附钱维城跋。其体现了清代帝王体恤民情，念农夫之苦、桑女之瘁，勤政爱民的治国理念，并以"图绘以尽其状，诗文以尽其情"的方式呈现了中国古代典型的农业经济图像。

　　辽宁省博物馆藏元代佚名《山溪水磨图》（图2-53），绢本设色，画心纵153.5厘米、横94.3厘米。画中表现了山景、楼阁、盘车及人们劳作与生活的景象。农业是国家的经济主体，农民辛勤劳作，以求五谷丰登、生活富庶、安居乐业。此作原名《民物熙乐图》，将界画与风俗画结合，水磨坊粮食加工的场景体现了中国古人利用水利技术来维系民生的生产模式，以此作为绘画主体，体现了"民生为本""民以食为天"的思想。

图2-53　元代佚名
《山溪水磨图》

图2-54　清代和亲王弘昼制鎏金铜如意

2.吉祥如意

　　人们将具有吉祥含义的自然界物体形象演化成具有美好寓意的图像符号，并将其作为书画创作、工艺品装饰的素材。传统吉祥图案作为中国传统文化的重要组成部分，所表达的含义多为"富、贵、寿、喜"。从皇室贵族到百姓人家，都以"吉祥如意"作为对美好生活的憧憬，借用花卉、禽鸟等图案及文字来承载吉祥寓意，表达对生命的信仰和对生活的热爱，以及对高尚精神世界的追求。

　　如意又称"握君""执友""谈柄"，由古代的笏和搔杖演变而来，多呈S形，似北斗七星的形状。魏晋南北朝时期，如意的形制以柄首呈屈曲手掌式为主；唐代时柄身扁平，顶端弯折处变为颈部，柄首呈三瓣卷云造型；明清时期，盛行灵芝造型的如意。王公贵族进献如意祝贺皇室成员寿辰，帝王以如意赏赐大臣，如意象征了权力和财富，承载了人们美好的祝福。如意材质丰富，常见材质有玉石、金、银、铜、铁、犀角、象牙、竹、木、陶瓷等。工艺繁复，用寓意多福、长寿的吉祥纹样装饰。常见的经典样式有天官式如意、灵芝式如意、三镶式如意。展品中有一件启功先生捐赠的清代和亲王弘昼制鎏金铜如意（图2-54），长39.3厘米，宽5.2—8.0厘米，

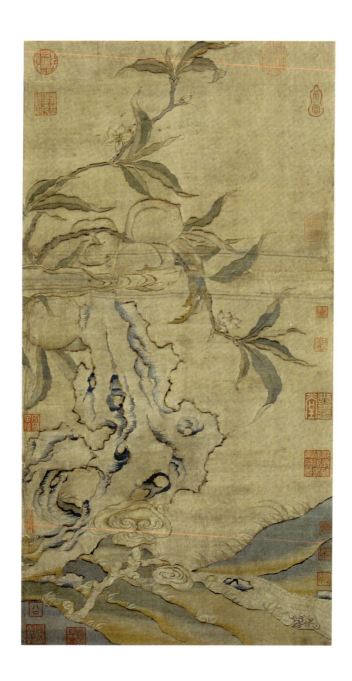

图2-55　南宋缂丝
《蟠桃花卉图轴》

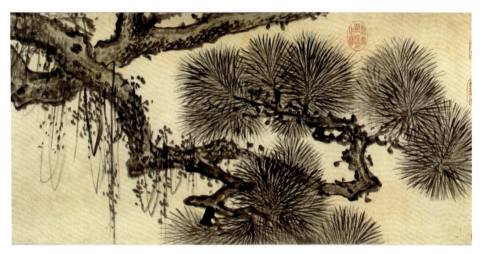

图2-56　明宣宗朱瞻基《万年松图卷》（局部）

铜胎鎏金，为灵芝式如意，铭文曰"铜其质，金其衣。鄙蓝田，夸古希。随把握，任指挥"，背有"和亲王稽古斋主人制"楷书款，下系红线编织的双喜长穗。

　　馆藏南宋缂丝《蟠桃花卉图轴》（图2-55），画心横37.5厘米、纵71.6厘米。蟠桃、灵芝、玲珑石皆具有祝寿的寓意，以此为稿本，是为庆贺生辰而制，承载了人们的美好祝福。缂织技法丰富，坡石部分用压梭技法表现，灵芝、小草、桃子局部稍加补笔。线条柔美流畅，物体造型饱满，色彩过渡细腻，缂织技巧精湛，配色雅致。此件展品曾被《石渠宝笈》著录，为朱启钤旧藏，有拼接重装痕迹。根据物体造型、设色和技法来看，应是宋代缂丝精品。

　　馆藏明宣宗朱瞻基《万年松图卷》（图2-56），纸本水墨，画心纵33.2厘米、横453.0厘米。朱瞻基（1399—1435），明仁宗嫡长子，建元宣德，庙号宣宗，擅书画。其即位后推行安民、爱民的仁政，在位期间政治清明，百姓安居乐业，呈现出"仁宣之治"的盛世局面。此卷作于1431年，引首有自题，画中以水墨绘古松

图2-57　清代透雕青玉鸳鸯

及藤蔓缠绕。古代文人常将自然事物特征与人的精神世界联系起来，借松傲严寒、结契霜雪来指代人的品格高洁。因松树常青象征长寿，图题作"万年松"，取其美好寓意。

3.花好月圆

中国古代社会形成了特有的婚姻家庭文化，体现在礼法制度、社会风俗、日常生活等方面。从古至今，人们喜爱将鸳鸯作为婚姻美满、爱情甜蜜的象征。夫妻恩爱，和顺美满，从家庭和谐到国家和谐，是实现社会和谐的基本模式。

南朝文学作品中最早以鸳鸯比喻志同道合的兄弟，唐诗中以"愿做鸳鸯不羡仙"赞美美好的爱情，民间传说和文学作品中以鸳鸯喻夫妻或成双配对的事物。从古至今，以鸳鸯为主体的艺术作品都表达了人们对美好情感的追求。展品中有辽宁省博物馆藏清代透雕青玉鸳鸯，长9.85厘米、高4.5厘米、厚2.6厘米，原系东北博物馆旧藏。此件玉器玉质温润，头、眼、翅、尾及脚爪刻画得极为逼真，特别是对其羽毛的雕刻更是细致入微（图2-57）。

张大千《并蒂图轴》（图2-58），纸本设色，画心纵127.0厘米、横49.5厘米。此画作于1944年，工笔设色绘夫妻二人并立，共握一笛吹奏，画家题《浣溪沙》词。"笛"与"蒂"谐音，并蒂莲亦称并头莲，以此比喻并蒂同心，夫妻恩爱，形影不离，白头偕老。张大千别号大千居士，四川内江人，擅绘画、书法、篆刻、诗词。他早期研习古人书画，后旅居海外，画风工写结合，晚年作品将重彩、水墨融为一体，开创了泼墨泼彩的艺术风格。

4.都市梦华

文化发达、经济繁荣、教育兴盛、民生富庶的社会环境促成了协调统一的城乡模式。都城烟云，繁华如梦。中国传统生态美学引导下的清代城乡发展，体现了"巧者，合异类共成一体也"的精神追求，城乡繁荣不仅体现了国力强盛、贸易发达的盛世辉煌，亦呈现出中国古代城乡一体化发展的生态意识。

图2-58　张大千《并蒂图轴》

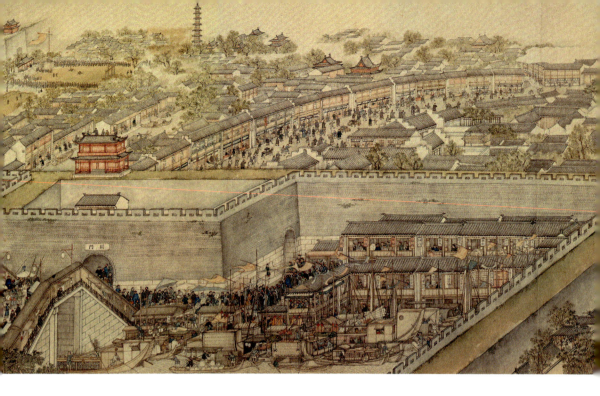

图2-59 清代徐扬《姑苏繁华图卷》（局部）

　　最富表现力的莫过于清代徐扬的《姑苏繁华图卷》（图2-59），纸本设色，画心纵 35.9 厘米、横 1240.0 厘米。画家采用散点透视法，用流动的视角串联起画面，以青绿山水为主调，将兼工带写、界画技法、西洋透视法三者结合运用，突出人物刻画，以精湛的写实技巧生动传神地再现了清代苏州的人文风物。画中表现了工坊市肆、舟船车轿、迎亲嫁娶、舞榭歌台、官衙考场等场景，记录了繁荣盛世下百姓幸福的生活状态。这是清代宫廷绘画的杰出代表作之一，堪称中国美术史上风俗画的经典作品。

　　从事风俗画创作的既有民间画家，也有宫廷画家。民间画家如仇英等，对社会各阶层的生活与习俗了然于胸，有独特的生活感悟。他们大多有谋生需求，

绘画功底深厚扎实，有较强的写实能力。宫廷画家如徐扬等，多是奉皇家旨意或为迎合帝王需求而作画，以表现和乐安宁的社会景象为创作内容。

明代仇英《清明上河图卷》（图2-60），绢本设色，画心纵30.5厘米、横987.5厘米。此卷绘于明代，《石渠宝笈》著录仇英款有两本，此本署"仇英实父制"。画家以生动的笔触再现了熟悉的风土人情，反映出江南地区百姓热闹欢腾的生活状态。通过"货物店肆，充溢金阊"的繁荣商业景象，屋舍墙上所挂元四家风格山水画等，反映出明代商品化经济的发展状况，以及人们的文化品位和心理寄望，亦可看出百姓对生活的热情，对平和安康、繁华人生的向往。

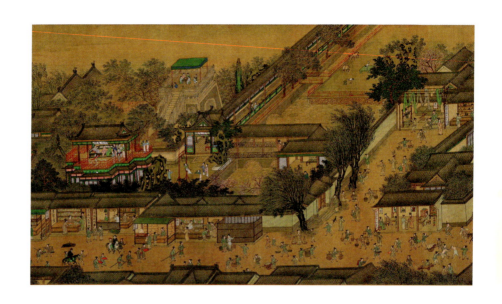

图2-60　明代仇英《清明上河图卷》（局部）

五、"协和万邦"：天下观

和合精神蕴含了中华民族天下大同的国家观和民族观，《尚书·虞书·尧典》："克明俊德，以亲九族；九族既睦，平章百姓；百姓昭明，协和万邦。"天下大同是和合精神的价值追求，人类世界因"和"而存在，因"合"而发展，和合体现了人类命运共同体的世界一体性，这在文化认知层面就是主张和而不同、交流互鉴、天下为公。

图2-61　第四部分"协和万邦"序厅

第四部分"协和万邦"（图2-61），分为"交流互鉴　四海一家"与"古为新　美成在久"两个单元，阐释和合精神蕴含的中华民族万邦协和的天下观。

（一）交流互鉴　四海一家

文明因交流而多彩，文明因互鉴而丰富。文明交流互鉴，是推动人类文明进步与世界和平发展的重要途径和动力。中华民族曾经谱写了万里驼铃万里波的浩浩丝路长歌，也曾经创造了万国衣冠会长安的盛唐气象。中华文明在这种和合的理念中、

图2-62　金代张瑀《文姬归汉图》

在兼容并蓄中不断衍生发展。本单元分为"丝路互通""世界大同"两个文物组。

1.丝路互通

　　2000多年前，我们的先辈筚路蓝缕，穿越草原沙漠，开辟出联通亚欧非的陆上丝绸之路；我们的先辈扬帆远航，穿越惊涛骇浪，闯荡出连接东西方的海上丝绸之路。古丝绸之路绵亘万里，延续千年，积淀了以和平合作、开放包容、互学互鉴、互利共赢为核心的丝路精神。文明在开放中发展，民族在融合中共存。

　　本单元借助陶俑、青铜器、金属钱币等文物，构建"展厅里的丝绸之路"，甘肃省博物馆藏东罗马鎏金银盘、宁夏博物馆藏胡旋舞石刻墓门等国宝级文物，以及吉林省博物院藏《文姬归汉图》等见证了各民族文化交融的历史进程。

　　《文姬归汉图》（图2-62），绢本设色，画心纵29厘米、横129厘米。此图所绘的是文姬归汉途中快马加鞭、风尘仆仆的情景，作者巧妙截取了行旅途中的一个片段，不设置任何背景，直接以人物的动作神态来表现于漫漫风沙中长途跋涉的气氛，主题极为突出，表现了早期中华民族与周边少数民族，特别

图2-63　隋代胡人吃饼骑驼俑

是匈奴等游牧民族的交流：一方面，从王昭君到蔡文姬等都是为了民族的和平发展
而付出努力的人，她们也是丝绸之路的贡献者，她们的身上更体现了中华民族朴素
的家国观；另一方面，蔡文姬归汉这一历史事件还表现出了较强的文化认同的特性。

　　山西博物院藏的隋代胡人吃饼骑驼俑（图2-63），由山西省太原市沙沟村斛律
彻墓出土，高45.7厘米。骆驼昂首站立，双峰间垫着毯子，驮着丝绢、皮囊等贸
易往来的大宗商品，皮囊上坐一胡人，他手里还抓着一个饼子，在边走边吃。胡商
手里的饼子，当地称为"馕"，中原称为"胡饼"，是一种可以存放很久的食物。
作为中西方文化交流的象征物，这件文物生动形象地再现了丝绸之路上胡商往来的
场景。隋作为魏晋南北朝和盛唐之间的过渡王朝，为唐代对各异域文明兼容并蓄的
恢宏气度奠定了基础。这件集多元文化特征于一身的陶俑，正是这段历史的一个
缩影。

中国作为丝绸之路的起点，将产品通过这个经济贸易网输出国外，使其成为世界人民深深喜爱的物件，也是通过这条路，以这些产品为载体将中国的技术、文化与意识形态输出国外，让世界人民认识了一个更生动鲜活、富有朝气、积极向上的中华民族。我们熟知的丝绸之路其实是有四条路线的，分别是草原丝绸之路、西南丝绸之路、陆上丝绸之路和海上丝绸之路。其中，草原丝绸之路主要分布于北方，是北方游牧民族与中原地区、中原地区与域外沟通交流的重要通道，我们熟悉的东罗马玻璃器、铜牌饰都是从此条路线传播而来的。西南丝绸之路主要分布在云贵地区，向北直到甘肃，向南直到印度，正与我们常说的"蜀身毒道"相吻合，是西南地区与东南亚地区沟通联系的重要路线。陆上丝绸之路以长安为起点，东经辽东到达朝鲜及日本，西经波斯到达欧洲，这条路线上可见的文物遗存更为丰富。海上丝绸之路以泉州为重要港口，北至渤海，南至南海，东至日本，西至欧洲，以陶瓷为重要的贸易商品，因此也被称为"海上陶瓷之路"。

按照这四条路线的主要贸易及文化内涵的特点，展览选用了第一批出口的长沙窑瓷器——长沙窑青釉贴花舞蹈人物瓷壶（湖南省博物院藏），西方文化与工艺代表——东罗马鎏金银盘（甘肃省博物馆藏）、鎏金人物故事纹银壶复制品（宁夏固原市博物馆藏），融汇中西的丝织品——"五星出东方利中国"锦护膊复制品（新疆维吾尔自治区博物馆藏）、印花棉布（新疆维吾尔自治区博物馆藏），千里迢迢进口的玻璃器——鸭形玻璃器（辽宁省博物馆藏），以及来自北方草原文化的动物纹金牌饰、动物纹铜牌饰、人物纹铜牌饰等。它们表现了草原丝绸之路、陆上丝绸之路和海上丝绸之路的风姿，体现出如织如梭的商队与使者开辟的丝路不仅仅是简单的交通路线，更像是连接世界的一张网，无论东西南北。

作为丝绸之路的贸易载体，货币、商品成为丝路中的"宠儿"。沿着这条贸易之路，中国的丝帛锦绣、瓷器等西传，西方的葡萄、香料等奇珍异物也东来中国。丝路成为东西方物质文化交流的桥梁。东罗马的金币、萨珊的银币、日本的"和同开珎"、越南的"洪德通宝"……展览中以图版与文物相结合的方式展示的货币来源不一，却都有"丝路货币"的身份。中国的丝织品之所以如此发达，是因为其良好的制丝工艺、纺织技术等，而在境外发现的汉代丝织品纹样等则补充解读了中国丝织品对境外的影响。唐代具有联珠纹的纺织品是丝路的瑰宝。辽墓出土的丝织品反映了当时契丹民族丝织品的发展受到了中原文化的影响。此外还有中国用于出口的青花瓷器，上面的人物故事和纹饰造型都表现了中华民族独具魅力的价值观。

　　中国的出口带来的是域外的进口，这样才能形成"互通"。产自东罗马、萨珊地区的玻璃器，域外进口的金器，以及带有葡萄纹、胡腾舞纹等文物的利用与展示，表现了丝绸之路的"有来有往"。通过贸易的往来，达到文化交流的目的，这也反映出中华民族大开国门，具有海纳百川的博大且宏大的天下观。

　　丝绸之路还是一条文化传播之路，更是一条发展之路。它为佛教、基督教、伊斯兰教等宗教信仰，以及航海、印刷术、冶金等技术的传播提供了路径。这就是丝绸之路带来的文化沟通与互鉴。"互鉴"可以说是丝绸之路发展的最高境界，体现了中华民族包罗万象、世界文化多元融合的深刻内涵。展览中选用书画、琥珀、陶瓷、象牙等藏品以反映在宗教、工艺等方面中国与世界的"互鉴"关系。唐代三彩角杯的"中西碰撞"、辽代琥珀的选材与工艺上的"中西合璧"、西夏雕版印刷的"技术远播"、元代青花瓷的"融合创新"、清代象牙和玉器的"西学东用"，表现了中国人的聪明才智与融会贯通，更表现了"和合""融合""交融"的思想。此单元展览以图版与文物的合理构建展示了中国人民始终与世界人民相互尊重、相互合作、共同发展的内涵。

　　这部分的明星展品非常多，罗列如下，以期体现主题思想（图 2-64 至图 2-74）。

图2-64　长沙窑青釉贴花舞蹈人物瓷壶

唐
高18.2厘米　口径8.0厘米　底径10.2厘米
湖南省衡阳市司前街水井出土
湖南省博物院藏

　　此壶小口，鼓腹。两系及流下分别饰以三块模印贴花的人物图案，流下为一人身着胡装，袒胸披纱，纹褶飘逸流动，此人站于蒲团之上，扭动身体，婆娑起舞，应是唐代风行于全国的胡腾舞。右边一人吹笛，左边一人执物站立。这些纹饰均与西亚、南亚文化有关，是中外文化交流的见证。

　　长沙窑，又名长沙铜官窑，始于初唐，盛于中晚唐，衰于五代，前后经历了200多年，是与浙江越窑、河北邢窑齐名的中国唐代三大出口瓷窑之一，也是世界釉下多彩陶瓷发源地。唐朝国家强盛，经济繁荣，中外交往和通商频繁。瓷器在唐代已成为最普遍的日常生活用具之一，因此，当时许多生活在中国的外国人士都非常羡慕中国人使用瓷器，他们既是中国瓷器的爱好者，又是中国瓷器的对外传播者。中国瓷器在唐代已成为对外贸易的热门商品，唐代海上交通的开发，以及航海技术的提高，为瓷器的大量出口创造了条件。

图2-65　东罗马鎏金银盘

公元4—6世纪
高4.9厘米　口径31.0厘米
甘肃省靖远县北滩出土
甘肃省博物馆藏

　　银盘曾表面鎏金，大部分现已脱落。盘内满饰浮雕花纹。纹饰分为三个区域：外圈饰16组相互勾连的葡萄卷草纹，其间栖有小鸟等小动物；中间一圈浮雕呈环带状，内列12个人头像，每个头像左侧都有一只动物；盘中央为微微凸起的圆域，图案为一倚坐于狮豹类猛兽背部的青年男性，是银盘的主题花纹，其所倚坐之猛兽圆足内底有点状铭刻文字一行。这是在中国境内的丝绸之路上发现的重要罗马文物。

　　盘心所饰这位持杖倚兽的青年男子，学者认为是古希腊神话中的葡萄酒之神狄俄尼索斯。银盘上所刻的文字，学者认为是大夏文，系大夏贵霜时代即已采用的希腊字母草写本。此鎏金银盘是典型的东罗马风格器物，其制作年代大约相当于我国魏晋南北朝时期。东罗马帝国前期与中国保持友好往来，据《魏书》记载，东罗马帝国曾三次派使团访问过北魏。也许这只银盘就是当时东罗马使者遗留在黄河古渡的贡品，也可能是那个时代西方商旅携带的交换物。

图2-66 玻璃杯

北朝
高9.7厘米　口径12.1厘米
新疆维吾尔自治区库车森木塞姆千佛洞
附近出土
新疆维吾尔自治区博物馆藏

　　此杯采用无模自由吹制法制作而成，整体呈淡绿色，器型为敞口、圆腹、高足，口沿微内收，杯壁外侧贴有两排圆饼装饰，圆饼作为装饰交错分布，其间距并不完全一致，每排6个共计12个。杯身圆饼装饰及高足部分皆为后期分别制作粘贴而成，圆饼上还依稀可见加工时留下的戳痕。有学者认为，这种装饰方法是在模仿带圆凸的萨珊型玻璃杯，但是这比萨珊冷加工出来的圆凸玻璃杯简单得多。

　　在中国境内发现的萨珊型玻璃器主要出现在湖北鄂城五里墩西晋墓、宁夏固原北周李贤墓、北京西郊晋华芳墓、镇江六朝墓等。新疆地区萨珊型玻璃器的发现对于研究中外之间物质和文化的交流具有非凡的意义，新疆地处"丝绸之路"中段，是罗马、波斯等国向东至中国内地的必经之地，这一地区出土的玻璃为中外之间存在文化与物质交流活动提供了重要的证据。总的来说，这些珍贵的萨珊玻璃标本是萨珊玻璃从陆路输入中国的实物证据。

图2-67　鸭形玻璃器

十六国北燕
存长约20.5厘米　高（以底部圆饼贴地平置计）9.0厘米
辽宁省北票市西官营子村北燕冯素弗墓出土
辽宁省博物馆藏

　　淡绿色透明玻璃。横长身，一端张扁嘴如鸭，长颈圆腹，曳细长尾，尾尖残断。通体作柔和的曲线造型，结构匀称。它是冯素弗墓出土玻璃器中工艺最复杂、器型和装饰最有特点的。其以无模自由吹制法制成，后将玻璃料拉成细条，在冷却之前缠绕在器身上作为装饰。这种动物造型的玻璃器皿在我国仅出土一例，它是罗马帝国东北行省的产品，由柔然可汗通过草原丝绸之路带入北燕。

图2-68 印花棉布

东汉
残长89厘米 宽48厘米
新疆维吾尔自治区民丰县尼雅遗址出土
新疆维吾尔自治区博物馆藏

　　1959年，新疆考古工作者在新疆民丰县尼雅遗址中发现了一座东汉晚期的墓葬，墓中出土了两块蓝白印花棉布的残片，其中一块棉布中心部分已经缺失。所幸的是，在它的左下角有一个大约32厘米见方的方框，框内画有一个半身女神像，该女神应为希腊神话中的丰收女神得墨忒耳。其中心图像为人狮相搏图，现已残缺大部分，只剩一人脚和一狮子尾、一狮子爪。从脚的方向分析，此人正朝着狮子扑去，欲制服狮子。边框处还见辟邪鸟和彩花带。从艺术风格来分析，这一蜡染印花棉布可能产于公元2至3世纪的贵霜王朝的马图拉地区。

　　这件作品中的得墨忒耳、人狮搏斗等原属于希腊神话题材，辟邪则来自中国艺术，而棉纺织、染色、蜡染技术应是起源于印度，大量的装饰纹样在犍陀罗时期十分常见，裸体人物形象风格则体现了贵霜帝国马拉图地区的艺术特点。因此这件织物是汇集了东西方众多文化元素和技术而形成的一件极为难得的艺术珍品。

"五星出东方利中国"汉代织锦护膊，为国家一级文物、中国首批禁止出国（境）展览文物，被誉为20世纪中国考古学最重大的发现之一。该织锦整体呈圆角长方形，用红、黄、蓝、白、绿五色丝线织成，上面有云气纹、鸟兽纹、辟邪纹和代表日月的红白圆形的纹样。在护膊的上面和下面分别用汉隶书织着"五星出东方利中国"的字样。该织锦尺寸不大，但内涵丰富。这里的"五星"是指金、木、水、火、土五星，"中国"则是指汉王朝治理的天下。"五星出东方利中国"的意思是，当五大星同时出现在东方天空的时候，就是最有利于中原王土的时候。

图2-69　"五星出东方利中国"锦护膊

西汉

长18.5厘米　宽12.5厘米

新疆维吾尔自治区民丰县尼雅遗址8号墓出土

新疆维吾尔自治区博物馆藏

图2-70　《红衣西域僧图卷》

元代赵孟頫
纸本设色
画心纵26.0厘米、横134.5厘米
原东北博物馆藏
辽宁省博物馆藏

　　此图卷绘一身穿红色袈裟的西域僧人盘膝端坐在大树下的坡石上。此僧浓眉深眼，大鼻隆突，胡须络腮，肤色黝黑，目光深邃，面容慈祥，左手向前平伸，掌心向上，右手抱入红衣之内，似在说法布道。其身后藤蔓缠绕着菩提树。

　　画卷之后有赵孟頫、董其昌、陈继儒题跋。

　　作者赵孟頫（1254—1322）是元代画家、书法家，字子昂，号松雪道人，吴兴（今浙江湖州）人，宋宗室。入元出仕，累官至翰林学士承旨、荣禄大夫。作为元代的艺坛领袖，其素有博学多闻、文辞高古、书画绝伦、旁通佛老之誉。

图2-71　胡人形绿釉陶烛台

东汉
高28厘米　口径5厘米
陕西历史博物馆藏
1991年西安火车站乘警队移交

　　这件烛台的器座为一深目高鼻的蹲坐胡人，其神情诡秘，头顶为高筒烛台。此类器物在河南三门峡境内也有出土，此外安徽省蚌埠市博物馆也藏有同类型的烛台。

　　高筒烛台属于中国灯具中的传统样式，以胡人形象为座的灯具也是中西文化交流的象征，属于吸纳西域风貌而进行的本土化创造。

图2-72　三彩角杯

唐
高7.8厘米　口径6.5厘米　长12.7厘米
辽宁省朝阳市北郊唐墓出土
朝阳博物馆藏

　　整体为孔雀形。弯曲的颈、首构成杯子把柄，圆鼓的腹部为杯身，舒展的尾屏形成杯口。造型别致，形象生动，实为唐三彩中的上乘之作。此器造型与西方的"来通"十分相似。

　　来通杯的造型传入中国后引起了中国工匠的创作热情，后者相继制作了金、银、玛瑙、三彩等不同材质的来通杯。

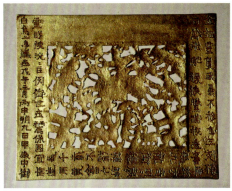

图2-73　狩猎纹金方奇

隋代
长18厘米　宽14厘米　厚1厘米　重842.1克
宁夏回族自治区盐池县青山乡古峰庄出土
盐池县博物馆藏

　　金版以失蜡法浇铸而成，版面未曾打磨抛光，但图案清晰，牌饰中心上方之人头戴插羽宝冠，身着甲，足蹬长靴，纵马驰骋，弓满弩张，驱前诛后，周旋于大小不同、姿态各异的猛兽间。牌饰左、右下方各有一戴胄着甲、挽弓跪射猎物的勇士，画面上有虎、熊、豹、犴、豕、麋等兽的形象，左上方有一飞鸟图像。

　　在其后背矩形框外有魏碑体隶书铭文，共82个字。其中有"良工刻构，造兹方奇"一句。"方奇"在《辞源》中的解释为"地方所产珍奇之物"。

　　狩猎纹的构图与常见的波斯银盘和在西安发现的北周安伽墓内石榻上的雕画类似，以此推断可能是由受到萨珊金银工艺或粟特绘画艺术影响的匠人制作。而关于它的用途，有考古学者推测，可能是系钉铆于车辇上的装饰。由于这件文物的用途和命名目前尚在研究中，现暂根据铭文内容将其命名为"方奇"。

　　宁夏地区作为古代丝绸之路上的重要区域，在魏晋南北朝时期就有大量来自中亚地区的商人往来于此。这件黄金文物见证了中西方文化经由丝绸之路的交流和相互影响。

图2-74 石刻胡旋舞墓门

唐代
长88.0厘米   宽42.5厘米   厚5.4厘米
宁夏回族自治区盐池县苏步升乡窨子梁唐墓
出土
宁夏回族自治区博物馆藏

　　每扇石门正中各有一减地浅浮雕式的胡人形象的男子，两男子站立在一块
编织精美的小圆毯上，双人对舞，熟练回旋，飘逸潇洒，体态轻盈健美，舞姿
迅疾奔放，充满欢乐愉快的生活气息。四周饰剔地浅浮雕式卷云纹，恰似舞者
腾跃于云气之中，造成流动如飞的艺术效果。石门上的舞者展示的舞蹈即为胡
旋舞。胡旋舞，又称团乱旋、团圆旋等，原出于中亚一带的康国。胡旋舞由西
域传入后，受到中原各族人民的喜爱，尤其受上层统治阶级偏爱。

　　据墓志记载，墓葬主人属中亚粟特人，即"昭武九姓"中的何国人。中亚
粟特人徙居宁夏境内，与唐朝设立羁縻州以安置突厥降户相关。墓葬中的胡旋
舞图案体现了乐舞艺术的传承和文化习俗的移植。

　　发现这类题材的石刻作品在中国唐代墓葬中尚属首次，此件文物既是反映
唐代时期包罗万象、融合一家的世界观的实物资料，也是研究唐代乐舞的珍贵
资料，被认定为国宝级文物。

2.世界大同

古人所绘的世界地图展示了他们对世界的认识，生动诠释了"天下大同"的价值追求。我们把中华优秀传统文化的代表与中西交流的实物例证同堂共展，就是想探索和平、和睦、和谐的和合文化，为解决今天人类面临的共同挑战带来有益的启示。

历代以客使内容为题材的作品都介绍了中国对域外的各政权和人民始终保持着尊重、和平的外交政策，积极发展的中国在世界一直享有盛誉。展览选用辽宁省博物馆藏《两仪玄览图》和南京博物院藏《坤舆万国全图》表现世界与中国。这两幅丰富而生动、写实的世界地图均绘制于明代，是世界地图绘制史中少有的、以中国为世界地图中心而绘制的世界地图。它们是中国在了解世界时绘制的、表现中国与世界的紧密联系。经济繁荣、文化交融，这样的天下大同是中华民族在传统文化思想下形成的对世界的贡献，也是中华民族天下观的生动展现。

《两仪玄览图》由八条屏幅组成，系以明万历三十年（1602）利玛窦的《坤舆万国全图》为蓝本绘制，主要表示了五大洲、山峰、山脉、河流等，并将山形涂以绿色。其汉字注释旁后被清人加注满文注音。

《两仪玄览图》的第一幅右上角，题有"两仪玄览图"五个字。第五幅上有李应试的题记，起首一行为"刻两仪玄览图"；最末一行为"万历癸卯秋分日……葆禄李应试识"等字样。这证明刻此地图的人是李应试，又名李葆禄，与利玛窦《入华记录》记载吻合。

利玛窦是意大利传教士，1552 年 10 月 6 日出生。1583 年 9 月，利玛窦来到中国后，出版了第一份中文世界地图。1601 年，作为欧洲使节，利玛窦被召进北京紫禁城。从 1602 年到 1605 年，利玛窦做出了很多伟大贡献，出版了第三版中文世界地图《两仪玄览图》。1610 年 5 月 11 日，利玛窦因病卒于北京。

《坤舆万国全图》是利玛窦和李之藻合作绘制的世界地图，用多种颜色描绘而成，是中国最早的彩绘世界地图。它以当时的西方世界地图为蓝本，改变了当时通行的将欧洲居于地图中央的格局，而是将亚洲东部放于地图的中央，此举开创了中国绘制世界地图的先例。

图的开头是用楷书题写的图名"坤舆万国全图"。古代用乾坤指天地，坤就是地的意思，舆本指车底座，延伸为承载万物。古人把地图称为舆图，《坤舆万国全图》也就是今天所谓的世界地图。

整幅地图分为三大部分，第一部分是主图，也就是椭圆形的世界地图。在各大洋中绘制的插图具有明显的时代特色，图文结合的形式让地图变得形象生动。

第二部分是位于四个角的天文图和地理图，分别是《九重天图》《天地仪图》《赤道北地半球图》《日月食图》，左下角曾有《赤道南地半球图》《中气图》，这些起辅助作用的小图包含天文、地理方面的知识，开阔了当时国人的眼界。虽然这些知识在今天已经是尽人皆知的常识，但在明代可谓让人耳目一新。

第三部分则是解释说明的文字，利玛窦在文中介绍了世界各地的风土人情、自然资源、宗教信仰等。此外还保留了母本的全部序跋，具有珍贵的史料价值。

3.知识辅助链

展览中除展品实物选择外，在辅助展板内容方面也做了精心策划。例如，由丝路途经城市名牌及地理信息、历史名胜和文物简介组成的丝路滑轨屏（图2-75）。丝路时间轴表现丝绸之路的"简史"等，使交流互鉴的内容更具有历史可读性；丝绸之路路线图表现道路的繁忙与发达；考古分布图、丝织品图像等补充展示丝路的贸易影响；玻璃器品种、金器制作工艺、来通杯的造型等连通中外，融贯中西。这些辅助展板对丰富内涵、补充信息、立体式表现"交

图2-75　丝路滑轨屏设计图

　　流互鉴"与"协和万邦"的内容具有非常重要的意义。

　　以"丝绸之路"代表交流互鉴，就是第一展览组的"丝路互通"，既有以古喻今的历史性关联，又有文化传承的时代性介绍。这一组下面按"丝路""交流""互鉴"的内容，将辅助展板作为对相关信息的重点补充，拓宽展览内容的知识链，使图片、文字、展品之间建立"超链接"，成为这部分的内容设计亮点。

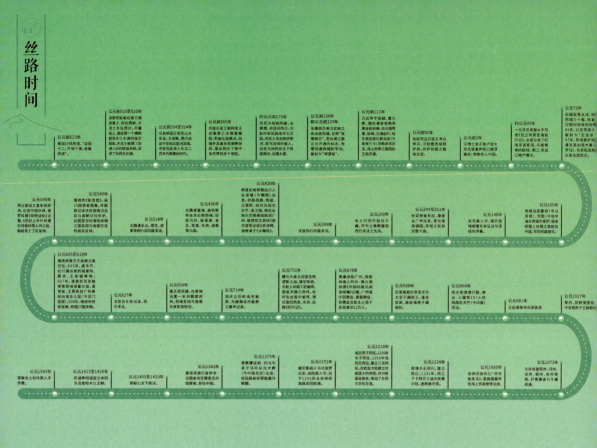

图2-76　丝路时间环

　　举例来说，在第一小组，以文物讲述丝路与人的关系，而以时间轴的方式表现哪些人、哪些事发生在"丝路"上，使时空与文物构成内容连环（图2-76）。再如第二展柜，内容为介绍丝绸之路的形成及四条丝绸之路路线，相应地选择了分别代表草原丝绸之路、陆上丝绸之路和海上丝绸之路的重要文物，而背景墙则辅助展示了四条丝绸之路的路线示意图，为观众提供了几乎完整的"丝路"全图。

　　在第二小组，展示的是丝绸之路的交流。为了在中国"出口"的文物展品组中呈现更丰富的内容，展板上提供了域外出土的中国丝织品、在西方油画上

图2-77　明代沉船出水青花瓷器（组图）

发现的中国青花瓷器的相关图文来对应文物中的唐代和辽代丝织品以及明代沉船出水的陶瓷（图2-77）。在中国"进口"品类中重点介绍了胡旋舞和玻璃器，由于辽宁省博物馆藏有北燕、辽代墓葬中出土的东罗马玻璃、伊斯兰玻璃，所以以此为支点呈现了较为完整的在中国发现的进口玻璃器的内容（图2-78）。

图2-78　辽代镶银扣绿
玻璃方盘和十六国北燕
绿玻璃杯（组图）

在第三小组，从宗教、技术、文化、艺术、交往五个方面来表现丝绸之路带来的文化交流互鉴，文物内容完整契合。在看板内容设置上，采用了补充信息的方式。例如，关于宗教，用在辽宁地区的佛教相关发现来讲述丝绸之路与辽宁的密切关系；关于技术，将壁画图像和文物结合来表现航海技术为海上丝绸之路的形成奠定技术基础；关于文化，用包括丝绸之路上相关发现内容的文字看板表现印刷术和文字为传播文化提供了便捷；关于艺术，用花树状金步摇的"艺术之路"讲述中国在艺术传播中的重要地位；关于交往，用来通杯、青花瓷、痕都斯坦玉来表现中西碰撞对中国器物的影响。

（二）与古为新　美成在久

中华民族创造了源远流长的中华文化，和谐主题一以贯之，中国和合文化绵延不绝，古代服饰、绘画、工艺、园林等，蕴含着和合文化一脉相承的精神追求、精神特质、精神脉络。《二十四诗品·纤秾》："乘之愈往，识之愈真。如将不尽，与古为新。"在中华文脉的赓续传承中融汇古今、连通中外，中华文明日益彰显出旺盛而强大的生命力、创造力、凝聚力、影响力。本单元分为"服章之美""西艺东扬""和衷奥运"三个文物组。以来自异域并在中华大地发扬光大，且影响至今的珐琅、缂丝工艺为主题进行展品组合，以及通过与奥运相关的古代文物，体现新时代新发展新语境，赋予中华优秀传统文化新的时代内涵、表现形式和生命活力。

1.服章之美

"中国有礼仪之大故称夏，有服章之美谓之华。"礼仪与服饰共同成就华夏，文化遗存是先人为我们留下的远古印记，勤劳智慧的中国古人织造出美丽的织物，

图2-79 元代织锦《百鸟朝凤图卷》

不仅受中华民族的喜爱，也带动了市场需求的增长和与西方世界的贸易往来。在中华文明成长史中，这些织物已渗透到中华文化中，成为中华民族重要的文化符号之一。

纺织品的历史开端几乎与中华文明的起源同步。7000多年前的河姆渡人已掌握了原始的纺织技术并使用蚕丝。织物纹样的演变和发展是中国古人智慧的结晶，也是中华文明兼容并蓄的缩影。联珠纹与团窠纹见证了民族融合和文化交融的历史，其自魏晋时期从西域传入并迅速在我国境内流行开来，在吸收了中原本土元素后，融合成新的图案样式。它们也是东西方贸易往来与文化交流的实物见证之一。

从出土物可见其形式借鉴了萨珊风格或沿袭中原风格，发展演变后的联珠纹被中国工匠用传统云纹代替，衍生出"中国化"的纹样。展品选择了具有古

今非遗传承及与世界影响相关的缂丝制品，包括新疆维吾尔自治区博物馆藏1985年出土于新疆且末扎滚鲁克墓地的绯色缂回纹斜褐织物残片，辽宁省博物馆藏北宋缂丝《紫鸾鹊谱图轴》、北宋缂丝紫鸾鹊谱包首、元代织锦《百鸟朝凤图卷》（图2-79）、辽代缂金山龙纹尸衾等。展品与看板中介绍的正仓院藏唐代琵琶宝相花纹锦琴囊、敦煌321窟初唐主室藻井宝相花纹图案、美国克利夫兰艺术博物馆藏8世纪团窠双鸭纹吐蕃锦童衣、美国克利夫兰艺术博物馆藏辽代缂丝凤凰卷草纹软靴相呼应，表现了中国纹样的华美与精致。

元代织锦《百鸟朝凤图卷》使用多色丝线及金线和孔雀羽线织造。图像以凤鸟为主体，其他鸟类、花卉呈散点式分布，共有两组连续图案。鸟类造型优美，配色华丽，织造技术高超，是元代织锦的代表作之一。图像内容源于百鸟朝凤的故事，体现了群体间的感恩与和谐共生，以及合作共赢的生存准则，至今仍广泛流传，百姓家有喜事时常悬挂此题材刺绣品。

中国的丝织工艺在机械化织造的进程中不断推进、发展，并结合中国艺术、文化、功用等形成中国特色。"库金"为"织金"别名，指以金线织出图案的缎料，是元代织金锦"纳石失"的延续与发展。明清时期官府织造局生产的"库金"面料中使用的金线为扁金线或圆金线（捻金线），扁金线光泽度高，圆金线捻度高，更结实耐用。此类织金锦常用于装饰衣边、裙摆、帽子等。在少数民族地区，也常用于器物装饰。展览中还选用了馆藏的清代缎料。清代宫廷服饰的制作先由礼部拟定选料，计算工时，奏请皇帝批准。由内务府将图发往江宁（今南京）、苏州和杭州三处皇家御用制造机构，即"江南三织造"。清朝初期，内务府在北京设立京内染织局、在江宁、苏州、杭州设立织造局，由皇帝亲派督造官员。织造局除管理下属机构外，还负责采买织物面料供宫廷使用。皇帝、皇后专用服饰由京内染织局、江宁织造局制作。赏赐王公大臣的服饰在苏州、杭州制作。由"江南三织造"督造制作、采购的纺织品质量要求较高，可以代表当时纺织品制作的最高水准。根据清宫《内务府奏销档》《内务府造办处各作成做活计清档》的记载，清代历任帝王多次指出官局所织面料"务要经纬均匀，阔长合适，花样精巧，色泽鲜明"。现存"江南三织造"织物，多在面料织造机头处织有产地、督造官员及机构文字，如此标注利于宫廷监督面料生产质量（图2-80）。

缂丝是源于古埃及和西亚地区的缂毛工艺，从我国新疆地区逐渐流传至中原地区，目前发现的最早的缂丝出土物是唐代的一件缂丝腰带，缂丝工艺作品以实用品为主。从西方传入的缂毛工艺经过中国匠人之手，结合中国的丝织与绘画艺术，形成了中国独特的缂丝工艺，至宋代以书画作品为稿本的观赏用缂丝艺术品出现，将来自西方的古老手工艺升华为中国的艺术表现手段，产品还传播至海外。缂丝也成为中国的非物质文化遗产，深入国人的生活之中。

展览结合美国大都会艺术博物馆藏8世纪伊朗科普特风格缂织物残片、美

图2-80 "江南三织造"
制作的锦缎（组图）

图2-81　南宋朱克柔《山茶蛱蝶图》（左）

图2-82　南宋朱克柔《牡丹图》（右）

国克利夫兰艺术博物馆藏750—799年阿拔斯王朝团窠狮噬牛缂织残片、我国缂丝传播路线示意图等看板信息，通过展示辽宁省博物馆藏南宋缂丝《山茶蛱蝶图》（图2-81）、南宋缂丝《牡丹图》（图2-82）、元代缂丝《群仙拱寿图轴》、明代缂丝《校射图立轴》、明代缂丝《米芾行书轴》、明代缂丝《梅花绶带图轴》、清代缂丝《墨云室图卷》，揭示缂丝技艺的传播及发展。从唐至宋，经元明清，缂丝从实用性到融入书画艺术，实用性缂丝与观赏性缂丝共同发展，美美与共。

2.西艺东扬

　　景泰蓝工艺自元代从西亚阿拉伯地区传入中国后，很快发展成为具有中华民族传统风格的艺术品类。景泰蓝是东西方文明交汇与融合的见证，历经元、明、清、中华民国，直至当代，在每一历史发展阶段，中国工匠在继承传统的

景 泰 蓝 制 作 工 序

泰蓝制作工艺十分繁复，集绘画、冶金、铸造、雕錾、锤胎、窑业、镀金等
为一体，全部手工，并多达108道，其中主要有7道工序。

| 设计 | 制胎 | 掐丝 | 点蓝 | 烧蓝 | 磨光 | 镀金 |

图2-83　景泰蓝制作工序示意

基础上，不断赋予其新鲜的血液和灵魂，在造型、纹饰及釉料等各方面都有所创新。
昔日，景泰蓝是权力与地位的象征；如今，它已走向民间，成为国家级非物质文化
遗产。

西艺东扬，体现着中华民族的独特智慧，它是将外来工艺与中华优秀传统文化
结合、融汇、发扬光大的集中体现。"西艺东扬"文物组选用了辽宁博物馆藏的元、
明、清、近现代各时期的珐琅器，展示它们的"前世今生"。

辅助展板展示的是景泰蓝制作工序（图2-83），景泰蓝既是西艺东扬的体现，
也是连接中国与世界、展现中华民族风范的国之重器。

以物寄情，传递友谊，自古皆然。《礼记·曲礼上》记载："礼尚往来。往而不来，
非礼也；来而不往，亦非礼也。"人与人之间交往，讲究礼尚往来，国与国之间亦
是如此。在很多重要的外事活动中，景泰蓝多次被选作珍贵"国礼"赠予联合国

及各国元首，不仅向世界展示了中国极具特色的传统工艺的东方魅力，还表达了中国人民和全球友谊连绵不断、天长地久，期望世界和平、共同发展的美好愿望。

3.和衷奥运

"和衷奥运"组通过玉璧、玉璜、如意等展品，解读奥运对古代文物元素的运用，以及由此体现出的新时代新发展新语境，表达中华优秀传统文化与世界分享的理念。

我国古代器物的材质、工艺、图纹与象征意义，经过千百年的时间流逝与语境变迁，在当代依旧不断地演绎生发出契合国家形象、符合时代审美的新的生命力，并由奥运会承载，与世界人民共享。

如 2008 年北京奥运会奖牌采用"金镶玉璧"的设计方案，挂钩部位设计灵感来源于玉璜，喻示"以玉比德""金玉良缘"的观念，展览展品选用的是河南省三门峡虢国墓地 M2009 出土的一组玉器，有玉璧、玉璜。2008 年北京奥运会开幕式表演中，2008 名演员"击缶而歌"，吟诵"有朋自远方来，不亦乐乎"。缶的造型源自曾侯乙墓出土的铜鉴缶。表演以大气恢宏的"活字印刷术"形式呈现出多种书体的"和"字，渗透着中华民族的处世智慧。

2022 年北京冬奥会奖牌纹饰为同心圆环，取自古代同心弦纹玉璧，象征"天地合、人心同"；圆环上的 24 个圆点及运动弧线源自古代天文图，代表人与自然和谐共生。"雪如意"是北京冬奥会的主要竞赛场馆之一，因其跳台剖面与中国传统吉祥器物"如意"的造型相似而得名。如意，其名称起源于秦汉时期的一种搔痒和掏耳器具，因代劳"手不能到"之处，可尽如人意，故有"如意"的雅号；其缘于朝官的执笏，因执笏过于严肃，崇尚自由放逸的魏晋士大夫便创造了如意；其造型取自古人心中的长生不老神药——灵芝。宋代时，如意演

图2-84　清代高岑《山阁清秋图卷》（局部）

变成为厅堂陈设品，明清之际十分盛行。

　　展品选择了辽宁省博物馆藏清代高岑《山阁清秋图卷》（图2-84），绢本设色，画心纵27.2厘米、横354.0厘米。高岑（1621—1691），字善长，又字蔚生，号榕园，杭州人，久居金陵，为"金陵八家"之一。其善山水花卉，用笔细腻精到。此青绿山水画卷是高岑为其好友邓旭（号林屋）所作。图卷绘山岩起伏，村舍散布于山坳间，半隐半现。江边林木挺拔，水榭茅亭隔水相望，远处瀑布飞流，近处水鸭嬉游。卷尾山峦虬松，草阁依山，二人临窗远眺，悠然自得。画面构图严谨，山石多施重彩，色彩明丽，清新悦目。用青山绿水体现奥运冰雪运动是服饰设计中的中国元素。

六、尾厅：一起向未来

在展览的尾厅，我们表达了对未来的寄语（图2-85）：

青山绿水，山峦峰谷，自然和谐；

琴瑟和鸣，黄钟大吕，韵律和谐；

天有其时，地有其财，人有其治，政通人和!

这是人与自然的和谐，这是人与人的和谐，这是人与社会的和谐。

今天，"一带一路"倡议这一植根于历史厚土的中国智慧，闪耀着"大道之行也，天下为公""协和万邦""天下一家"的和合智慧，让"使者相望于道，商旅不绝于途"的丝路盛景再现于世，构建了人类命运共同体的宏阔胸襟，也为各国开拓出共同繁荣的未来。

图2-85　"和合中国"尾厅

大美于斯 共享和合

The Pursuit of
Profound Beauty,
the Sharing of Harmony

策 展

竹杖芒鞋轻胜马

用展览语言传播和解读和合文化思想，对内是便于观众对和合思想有更深入的理解，与中华民族思想灵魂深入沟通；对外是用博物馆的宣传语言让世界了解中国文化，有利于中国与世界各国保持睦邻友好的关系、共同发展。

辽宁省博物馆此次选题"和合中国"是以文物展览展示中国哲学和合思想，如何把握宏大主题的展览叙事，如何落实抽象哲学概念的具体陈述方式，从文物中提炼"和合"内涵形成展览的新语境，都是考验。自古以来一以贯之的和合思想，被古人融汇于彩陶、玉雕、青铜器纹饰、瓷器、工艺品等事物中，如今"和合中国"则是从上述的事物中寻找、提取、解读、传播和合思想，这是新时代历史文物展览的创新，即以多样的展览语言表达展览的核心主题。这是个剥茧抽丝的过程，如同理顺好千头万绪，然后将其轻松握于掌中。

一、契合偕行：选题与时代精神

习近平总书记在庆祝中国共产党成立 100 周年大会上的重要讲话中指出："和平、和睦、和谐是中华民族 5000 多年来一直追求和传承的理念。"[1]

展览策划之初，就确定了选题必须与时代精神相契合的宗旨，"和平、和睦、和谐"这一时代精神，就是"和合中国"展览所要准确理解、系统阐释的中国和合文化所蕴含的"天人合一的宇宙观""人心和善的道德观""和而不同的社会观""协和万邦的国际观"。以"四观"作为整体架构与内容设计根基，展品鉴选与图文解读紧密围绕"四观"开展，有助于观众深入领会中华优秀传统文化的核心特质和当代价值。

"和合中国"展览以"四观"为策展内核，以优质内容设计为引领，打造优质展览，以求展览与时代脉搏同频共振、相契相合，全面弘扬当代中国主流价值观与社会主义核心价值观，全面推动文化高质量发展，不断满足人民日益增长的美好生活需要，激发全民族文化创新创造活力（图 3-1）。正如 2022 年 10 月 15 日人民网辽宁频道"辽沈观澜"《这几年，这些展！新中国第一座博物馆玩"出圈"》报道中评价的那样："和合中国"展览又将是一个"现象级"的展览，它为"读懂中国打开了一个缺口"。

那么，在"和合中国"展览中，从哪个角度阐释"四观"呢？

"天人合一的宇宙观"体现的是中国最朴素的哲学观，将天地万物视为不可分割的整体，人与自然和谐共生。这种哲学观为当代社会人们正确处理人与自然、人与社会、人与人的关系提供了有价值的认识论原则和睿智的方法论指导。展览要阐释的是宇宙观的形成与发展，以及古人的认知与实践。

"人心和善的道德观"不仅是一个人修身养性的标准，也是一个社会正确的道德准则。展览要用与此有关的文物去阐释"和善"的传承及个人的修养，在人与人

图3-1 "和合中国"宣传片

之间的相处中,如何做到"温、良、恭、俭、让",自觉追求"仁、义、礼、智、信"这些君子品德。通过展览传承"人心和善的道德观",倡导人们胸怀善心、乐于奉献,以感恩生活、积极乐观、宽厚待人的心态收获生活的幸福快乐;与人为善,从而明善道、行善为,达到向善的目的。"人心和善的道德观"有助于建构道德规范,引导人们明大德、守公德、严私德,提高全社会、全民族的道德水准和文明程度。

"和而不同的社会观"蕴含着深刻的哲学和伦理智慧。孔子曰:"君子和而不同,小人同而不和。"宋代朱熹提出,"和而不同,执两用中",意为在矛盾与对立中寻求统一,虽然矛盾双方的观点、意见有所不同,但他们依然能够和谐共处。展览从青铜礼乐器的展示追溯礼序乾坤、乐和天地,礼乐和序而致社会安定、百姓祥和。"和"与"合"从动与静、过程与结果的不同角度，论证了"和而不同的社会观"的本质和机理。本展览创造性转化和创新性发展了"和而不同"的理念，对于新时代培育和践行"和而不同的社会观"具有重要的启发意义。

"协和万邦的国际观"是中华文化一贯的传统，是以和合文化思想处理民族关系与国际关系的有益借鉴。"天下观"的阐释是从丝路畅通、和谐的角度，讲述中华民族历来追求和平共处、和平发展、和而不同的理想状态。中国古代政治家和思想家在"家国天下"情怀的指引下，在与周边国家的交往过程中，始终秉持着"协和万邦"的和平发展原则。"天下观"对当代人类文明的持续发展亦具有重要意义。在新时代，世界各国要顺应时代发展潮流，做出正确选择，以更加开放、包容、普惠、平衡、共赢的心态发展，齐心协力应对挑战，开展全球性协作，构建人类命运共同体。近年来，在"一带一路"倡议的引导下，与古为新，中国与"一带一路"共建国家一道，本着互利互惠、平等协商、共同发展的理念，坚持正确的义利观，道义为先，义利并举，兼顾各方利益与诉求，实现了更大范围、更高水平、更深层次的大开放、大交流、大融合，为世界经济文化的发展贡献了中国智慧和中国方案，推动了新型国际关系的建设，引领了人类进步的潮流。

二、贵和尚中：展览的内容设计

"和合中国"展览抓住了中华优秀传统文化中的重要内核——和合，主题明确，立意宏大。根据和合思想，凸显和合文化，实现历史文化遗产的多元阐释传播，这就让展览具备了成功的先决条件。那么如何通过展览叙事使文物本身适用于抽象的哲学主题？常规文物解读与本次展览又有何异同呢？

（一）层层递进的内容设计逻辑

因为从什么是"和合"开始，所以，在展览的开端开辟序章"和合之源"，从字形、字义及"和合"二字合用，到辅助图片，再到用先秦古籍《老子》《论语》《尚书》《国语》等，讲清楚"和合"的本义及其引申义，于有形处见无形，让观众清楚"和合"的来源及其所蕴含的中华优秀传统文化无比深厚之内涵。

内容设计的逻辑思维是从人与自然的关系切入，先民在与大自然的相处中，形成最初朴素的对人与自然的认识，从远古人与自然和谐共处中逐渐实现思想的升华，尤其是"天人合一"体现了古人最朴素的宇宙观。再讲述人与人（道德观）、人与社会（社会观）、社会与天下的关系（天下观），展现"贵和尚中"的历史智慧，通过主题文物反映中国古代以"和合"为美的文化与社会生活。展览以"和合"贯穿，从不同角度回应主题，形成内容上的递进关系。这样的内容逻辑递进，避免了各单元内容的交叉，也利于展品的选择。展览设"天人合一""人心和善""和而不同""协和万邦"四个部分，每一部分两个单元，共八个单元，单元下设 25 个文物组，每组根据主题组合展品，采用文物组合的形式，解读和合文化所蕴含的宇宙观、天下观、社会观、道德观，尾厅设"一起向未来"板块，重申展览的现实意义（图 3-2）。

单元下设的 25 个文物组是根据主题内容做的展品组合，个别组下还有更小的组别回应主题。部分、单元、组的三级设置，也体现了博物馆陈列展览大纲的规范性和协调性，细心的观众从第一部分的设置里也能感受到其他三部分相同的结构设置。

（二）展品的选用，紧扣时代精神

　　例如，展览第四部分"协和万邦"中的"与古为新　美成在久"单元，其中设计了"西艺东扬"文物组，展品主要选取了景泰蓝的"盒"和"瓶"，谐音"和平"，多件展品的主题纹饰都包含象征和平的"和平鸽"。其中，从中外珐琅美术馆借展了两件展品：一是景泰蓝和平颂宝鉴（图3-3），由中国工艺美术大师钱美华、钟连盛、李静联合创作，铜胎，圆形，借鉴敦煌壁画中的藻井结构，将具有象征意义的白鸽、五色花朵、牡丹花、万年青、绶带鸟、橄榄枝等，与富于装饰韵味的石榴开光、花草拐子纹、团花开光、如意云纹等有机结合起来，依序分布，错落有致，赋予作品和平与发展的时代主旋律。二是景泰蓝盛世欢歌赏瓶（图3-4），2017年由中国工艺美术大师钟连盛、李静共同创作，赏瓶由七线分为六层，六层代表六合，象征天下，七线代表地球上的七大洲，七条金线构成七个同心圆，象征世界同心。瓶腹主题图案由孔雀、牡丹、玉兰、和平鸽等构成，象征安定祥和、繁荣发展，既富有中华文化底蕴，又承载美好寓意。和平是世界各国人民的共同期盼和人类的持久夙愿，2017年1月，联合国在日内瓦万国宫召开"共商共筑人类命运共同体"高级别会议，中国赠送给联合国一件同款大瓶，表达了中国愿同世界各国一道，共创共享和平安定、共同繁荣的美好未来，向构建人类命运共同体目标不断迈进，这也正是"协和万邦"的天下观中和合文化的体现。

　　展品的选择更多体现的是策展人对其内涵的理解与掌握，特别是吸引人的"网红"展品，如鸮卣、胡人吃饼骑驼俑、东罗马鎏金银盘、《文姬归汉图》等，它们在不同的展览语境内有不同的含义。在这里我们挖掘其背后与"和合"有关的故事，使其赶赴"和合中国"展览现场与辽宁省博物馆的重点文物团聚（图3-5），实现

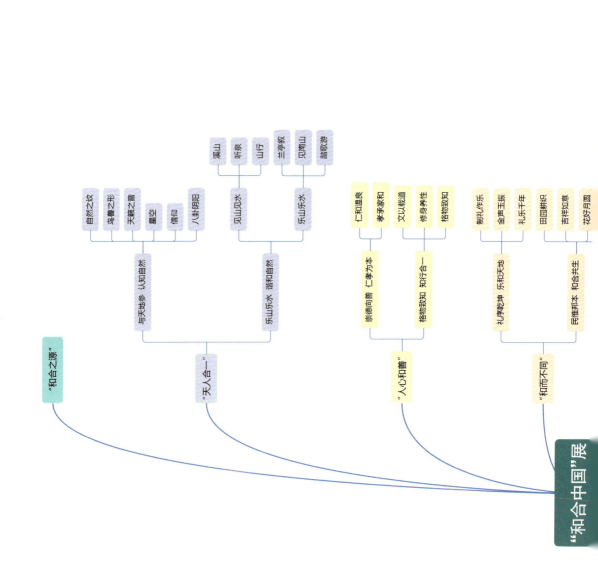

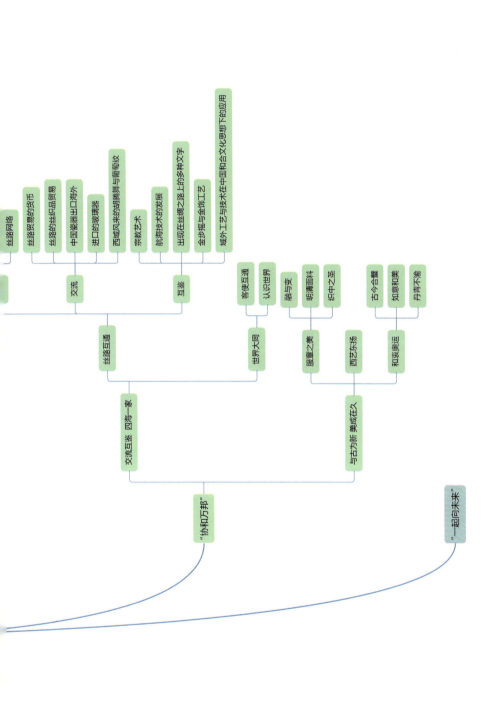

图3-2　展览大纲内容结构

图3-3　景泰蓝和平颂宝鉴（左）
图3-4　景泰蓝盛世欢歌赏瓶（右）

不同时代、不同质地文物的融合。尽管展览的成功与展品，特别是重量级展品
息息相关，但关键在于展览如何赋予展品新的内涵，就如同现在做展览，早已
脱离了单摆浮搁的模式，各种展示手段层出不穷。别出心裁的形式设计、与时
俱进的数字化技术、别开生面的讲解、丰富多彩的教育活动、跨界融合的宣传、
网罗天下的虚拟展厅、琳琅满目的文创产品，无一不在向观众传达与解读展览，
这些都是博物馆独有的展览语言，与展品相辅相成，它们共同打造了成功的
展览。

图3-5 "网红"文物相聚"和合中国"展览

（三）抽象与具象并存的叙事体系

"和合"是抽象的，展品是具象的，落实抽象哲学概念的具体陈述方式，就是要用博物馆陈列展览的语言去讲述和解读。

将哲学概念和文物在一个叙事体系里同时呈现，首先涉及有关"和合"学术成果的转化，体现在从古典文献中汲取智慧，每一部分及每一单元都有契合标题的

图3-6　八个单元的内容设计及引用的古文

文献记载做引言，提纲挈领，画龙点睛。一方面，体现展览的学术；另一方面，也是通过古文的引用，引导观众从传统文化的精华中理解展览主题，引发共鸣与认同（图3-6）。

此外，展览文字说明的撰写注重通俗易懂，避免使用晦涩生硬的专业术语。按照展品重要程度分为重点解读、常规介绍和简单说明三重安排，对重量级展品不惜笔墨，做到说懂讲透。文字还要配合丰富的图表和知识点延伸，通过精心设计直观呈现展品信息和价值。图文结合的设计非常重要，当下阅读习惯呈现碎片化的倾向，能使观众长时间在展厅内停留的往往是"网红"展品、数字化应用、简单形象的图文解说，因此，展柜内外的辅助展板以形象化的设计为主。但是根据以往的办展经验，对于重量级展品的介绍，观众又希望看到更多的文字内容，所以要不惜笔墨。基于这样的三重安排，观众就能各取所需，抓住展览的核心要义与核心展品。

1.以道法自然、乐山乐水阐释"天人合一"的宇宙观

"天人合一"作为中国哲学思想，把天地万物视为不可分割的整体，肯定宇宙万物的内在价值，把人与自然看作浑然一体的，体现以人为本的价值取向和人文精神。因此在这种主题下，展览需要寻找能体现人类认知自然及将认知升华成思想观念的文物组合。本部分有"与天地参　认知自然"（图3-7），"乐山乐水　谐和自然"（图3-8）这两个单元内容。这两个单元在内容上表现了人们"敬畏自然，认识自然，与自然和谐共生"的逻辑层次。

为了用文物展示人类敬畏自然、认识自然及其思想的升华，本单元选择了六个递进的文物组："自然之纹""鸟兽之形""天籁之音""星空""信仰""八卦阴阳"（图3-9）。

人类的生存依赖于自然，先民敬畏天地万物，万物包含着阴阳，阴阳相互作用而构成"和"，"和"是宇宙万物的本质及天地万物生存的基础。先民在以农业为

图3-7 第一单元　"与天地参　认知自然"（上左）
图3-8 第二单元　"乐山乐水　谐和自然"（上右）
图3-9 第一单元的文物组合（部分）（下）

主的生产实践中萌发出对自然万物的认识、体察和情思，星空、草木、动物、流水、高山幻化成多姿多彩的艺术创作，体现了人类认知自然、道法自然、谐和自然、和平共处、和谐共生的理想状态，最终找寻到"天人合一""物我协同"的精神归宿。儒家思想中，"天人合一"就是指人与自然和谐共生。《中庸》中指出"天地位焉，万物育焉"，认为世间万物的生长变化都要遵循自然规律，人与自然的关系就是要和谐、融合。人与自然是生命共同体，这是中华优秀传统文化中的生态理念。正如《易·系辞传》所记载："古者庖牺氏之王天下也，仰则观象于天，俯则观法于地，观鸟兽之文与地之宜，近取诸身，远取诸物，于是始作八卦，以通神明之德，以类万物之情。"因此，本单元设计了六个文物组合，用自然之纹、鸟兽之形、天籁之音、星空四个文物组合展示人类对自然的敬畏、对自然的认知，用信仰、八卦阴阳两个文物组合展示人类在认知自然的基础上其思想的升华，以及其所体现的和合思想精华。

《论语·雍也》曰："智者乐水，仁者乐山；智者动，仁者静；智者乐，仁者寿。"先秦时期形成的和合思想对后世的影响，可在诗词文赋中找到相关表述，但在博物馆的展览中要靠存世的文物去"说话"，因此，在策展时按内容逻辑表示为：自然是山水，山水即自然。山水题材的展品有很多，如描绘青山绿水的瓷器、玉雕的山水屏、漆器髹饰的山水画面等，仅辽宁省博物馆馆藏中就有很多，但其中更有意境的则是山水题材的书画。在展品选择过程中，策展团队经过讨论，认为瓷器、玉雕、漆器等虽是工艺品，但多为商品，器物的装饰画亦为匠人的重复性动作，并没有太多的人文情怀，而山水题材的书画则不同，每一件都是独创的，都是艺术家对自然的情怀与感悟。因此反映人与自然和谐共处的单元，全部选择了书画做展品。

中国古代山水题材的书画作品汗牛充栋，以山水为主要描写对象的中国古代绘画形成于魏晋南北朝时期，五代、北宋时趋于成熟，是中国人文情怀最直观的表达和最厚重的沉淀。因此本单元设计了两个递进的文物组，首先是"见山见水"，古代山水画中常见的"溪山""听泉""山行"是古人眼中的山水；其次是寄情于山水的情感"乐山乐水"，往往是山水与文字相结合的叙述，兰亭、南山、雅集、踏游都体现了人与山水和谐共处的"天人合一"。

第一部分的文物选择紧扣主题，合理的大纲逻辑既是对和合文化形成过程的解读，也是针对文物内涵深入研究后的充分利用。

2.以温良仁孝、修齐治平体现"人心和善"的道德观

和合文化的道德观是由人性的培养、家庭的和睦组合而成的，正是"修身、齐家"才能"治国平天下"。这部分内容由"崇德向善　仁孝为本"和"格物致知　知行合一"两个单元构成。

第一单元的内容在展览逻辑方面接续了"宇宙观"的内容，有了与自然的和合共生，还要修炼人的自身，提升人的本性道德，实现与社会的和谐共生。在中华传统道德观念中，素来秉承崇德向善，闪烁人性光辉的传统美德是中华优秀传统文化的精华，是和合文化的直接体现和绝佳注脚。仁、义、礼、智、信是儒家五常，是人作为独立个体在社会中应具备的品格和德行，也是古代君子为人处世的道德准则。从道德上对自身进行约束，才能更好地"与人为善"；尊崇孝道，才能有和睦的家庭、和谐的社会，正所谓"国风之本在家风，家风之本在孝道"。因此本单元设计了"仁和温良""孝承家和"两个文物组。展览选择了格言主题楹联、南宋高宗赵构书、马和之画《鲁颂三篇图卷》和《乐毅论卷》来体现从文人、将相到君主的仁义与仁爱。《孝经》云："夫孝，德之本也。"因此选用了《摹孝经图卷》《汪氏报本庵记卷》《顾生孝感记图卷》等书法绘画作品表现自古以来人们对人的品格、家庭和睦、孝道持家等的追求与传承（图3-10）。

在展览内容设计中，原有"比德于玉"文物组，拟用中原地区出土的西周组玉佩来体现明德修身的内容，考虑到借展及目前使用的展柜常用于书画展览的现况，因此改成了用书画来呈现。另外，行书对联的文字并不难认读，一目了然，可以更直接地向观众表达内涵。

第二单元的内容在展览逻辑方面接续"仁义"的内容，在个人修德养性的基础上，要经世致用（图3-11）。本单元分"文以载道""修身养性""格物致知"三个文物组，从治学、修身到平天下，逐步递进的逻辑，将中国人的知行

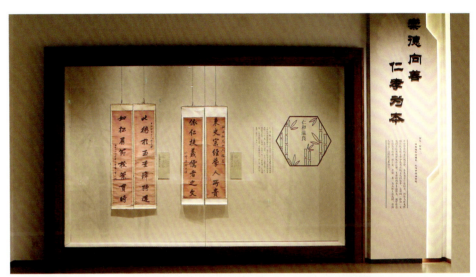

图3-10　第一单元"崇德向善　仁孝为本"（上）
图3-11　第二单元"格物致知　知行合一"（下）

合一作为修齐治平的理想实现。中华文化，源远流长。汉字从甲骨文到楷书，书体演变，有正有奇。历代字书，《急就章》《千字文》，正字规范，天下一统。从《诗经》《尚书》到《论语》，文以载道，中华文脉连绵不断。各朝各代将经典镌刻于石，形成石经，以求流传千古，以求正本溯源。展品的选择也是以辽宁省博物馆藏书画为主，有赵孟頫的《急就章》、欧阳询的行楷书《千字文》、宋徽宗赵佶的草书《千字文》，观众在欣赏书法之美时，可以透过文字感受到内容的独特之处。

3.以礼序乐和、和合共生解读"和而不同"的社会观

在中国传统和合文化思想体系下，"和而不同"属于社会观哲学范畴。如果说"天人合一"的宇宙观阐释的是人与自然万物的关系，"协和万邦"的天下观阐释的是古与今、中与外的关系，那么"和而不同"的社会观与"人心和善"的道德观所阐释的便是人与人之间的关系。

"和而不同"其本质追求是人际社会的和谐，因此策展团队将展览第三部分"和而不同"划分为"礼序乾坤　乐和天地"和"民惟邦本　和合共生"两个单元（图3-12）。史前时期，人们处于较蒙昧的原始状态，对自然现象和客观规律缺乏科学的认知，生产力水平低下，因此人们将无法解释的自然现象归结于神的作用，将生存和改造自然、与自然和谐共生的希望寄托于神的庇佑。随着生产力的发展，人们对自然的认知逐渐趋于科学，人们也将目光逐渐由神转向人自身。大致在商代和西周时期，人们的关注重点从"人与神的关系"转向了"人与人的关系"。

中国人立身处世的态度是"礼"，礼是敬天法祖的传统，可促进社会和谐。因此人际社会关系的首要目标便是和谐，礼以致中，乐以致和，在中国历史长河中，制礼作乐是古人为实现社会和谐做出的具有里程碑意义的创举。西周初期，

图3-12 "礼序乾坤 乐和天地"和"民惟邦本 和合共生"单元

周公旦通过制定和推行礼乐制度，强调长幼尊卑有序，在一定时期内实现了周王、诸侯及其他社会各阶层之间关系的和睦。礼乐制度的本质是宗法等级制度，"礼"强调的是长与幼、尊与卑之间的差异，"乐"令人情绪愉悦，陶冶人们的情操，能够调和"礼"的森严秩序，使人与人之间长幼有序、上下和睦、融洽相安，此时便达到了"和"。同时乐也是礼制的一部分，礼与乐相互配合实现各个社会阶层的相安有序、和睦融洽。儒家主张"和而不同"，尊重并包容不同的观点和意见，这种包容性也体现在礼乐文化之中。正如《礼记·乐记》中所言："乐至则无怨，礼至则不争。"因此展览第三部分"和而不同"第一单元第一个文物组便是"制礼作乐"，通过展示虢国墓地出土七鼎八簋八鬲等西周宗法等级制度的实物例证，阐释西周的礼乐制度，进而以"金声玉振"组的编钟、编磬等文物，解读自然现象的"音程之和"和人文观念的"和而不同"，以"礼乐千年"组的清代《乾隆大驾卤簿图》等文物，解读礼乐文化对后世产生的深远影响。

图3-13　七鼎八簋八鬲及编磬展柜

　　这部分所展示的礼乐器都是外借文物，策展团队最初考虑的多是文物的震撼力，因此极力想借到河南出土的九鼎八簋或诸侯国如曾侯乙墓的重器，但随后认识到，礼乐大成的时期在西周早期，自周公制定周礼以来，礼乐文化一直是维系社会秩序的核心，但春秋战国时期已"礼崩乐坏"，河南或湖北出土的诸侯国的九鼎八簋是不遵礼法的产物，因此最终借用了西周虢太子墓出土的七鼎八簋八鬲来展现礼乐文化强调的和谐、秩序和稳定（图3-13）。

　　西周的礼乐制度注重的是王、诸侯、士大夫等不同阶级之间的和谐秩序，受儒家文化发展的影响，后世社会更重视人伦的和谐，在中华5000年的文明发展中，中国人一直追求与传承和平、和睦、和谐的理念。尊老爱幼、夫妻和睦、邻里团结、与人为善，是人与人之间的"和"，也就是展览接下来想要表达的"和合共生"主题。

在人类社会发展进程中，农耕社会一直是长期存在的社会形态，人类与动物、植物共存共生。人类借用动物、植物的形态特征、生活习性及生长规律来表达对美好生活的向往，并将其演变为具有美好寓意的图像。"生态兴则文明兴"，人与社会、人与自然之间及社会内部诸要素之间相互依存、共生共荣，进而形成和谐共生的美丽中国。因此，策展团队在"民惟邦本　和合共生"单元设计了"田园耕织""吉祥如意""花好月圆""都市梦华"四组文物。"仁者以天地万物为一体"，人的命脉在于田，田的命脉在于水，水的命脉在于山，山的命脉在于土，土的命脉在于林草，这些生命共同体是人类生存发展的基础。此单元从最基本的"民生"展开，到自古以来人类一直企盼健康长寿、吉祥如意、家庭美满、生活富足。婚姻家庭是人类生活的一部分，也是构成社会的基本因素。而风俗画以独特的审美视角、写实的手法表现人们在生活、劳动、节庆、娱乐中的互动关系与习俗，其历史可追溯至汉代。唐宋时期，风俗画表现题材开始与社会生活相关，画家将目光转向中下层百姓，着力表现城乡的世俗生活。宋以后的风俗画多为鸿篇巨制，绘画技法丰富，画中景物可游可居，给观众以身临其境之感，最典型的莫过于张择端的《清明上河图》。因此，策展团队根据上述设计的四个小主题进行文物的组合，鉴选了如《耕织图》《刺绣梅竹鹦鹉图》《万年松图卷》《乞巧图轴》《清明上河图卷》《姑苏繁华图卷》，以及清代和亲王弘昼制鎏金铜如意、清同治年制黄地粉彩梅鹊图盘等经典文物，从人伦和谐的角度阐释"和而不同"的社会观。

4.以交流互鉴、美成在久展示"协和万邦"的天下观

中华文明是人类历史上唯一一种未曾中断的古老文明，中国的文化体系长期延续发展，从未中断。华夏先民对世界与自然的认知、对文明与制度的发展、对礼仪

图3-14　"交流互鉴　四海一家"和"与古为新　美成在久"单元

之邦血脉的延续，都体现了人对自然的认知与升华，主张以仁爱之心对待一切。和合文化在中国视角下的天下观是包容的、共惠的，它贯穿中华民族的古今历史，将这种文化基因传承并展示，能够以古喻今。和合文化内涵在中国人的血液中流淌了5000年，深深地植根在每一个中国人的心中。纵观中华民族的悠悠历史长河，人们都以"和"为"核"，生活处处都彰显着它的智慧。在增强中华文明传播力和影响力、坚守中华文化立场、讲好中国故事的今天，用有形的文物展现无形的和合文化，策展团队利用专业优势，以展览为媒介展现可信、可爱、可敬的中国形象，以更加观照现实的方式带给观众更多的文化盛宴，做好文化领域的传播者，助力中华文化更好地走向世界。

　　此部分展览从和合文化思想的角度阐释丝绸之路内容，表现"协和万邦"主题，由"交流互鉴　四海一家""与古为新　美成在久"两个单元组成（图3-14）。

（1）"交流互鉴　四海一家"

基于丝绸之路，经过多年的交流与互相借鉴，原本生活在不同区域、拥有不同文化传承及信仰的不同国度的人民在风俗习惯、文化认同、意识形态方面逐渐开始靠拢。一旦这种趋势形成，"融合"便会发生。尽管在新意识形成的初期并无"地球村""人类命运共同体"等概念，但"天下一家，四海之内皆兄弟"的想法已经在丝绸之路沿线国家人民心中出现，这便是和合文化思想下，丝绸之路的最大价值之一。

经济的交流带动了文化的交流，文化的交流必然导致不同文化背景的人受到其他文化的影响。中华文明是极具包容性的文明，在对其他文明"取其精华，去其糟粕"的过程中，得到了进一步的发展。与此同时，中华文明也并未吝惜，将中国的文化思想向外传播。例如，在古代，整个东南亚地区都受到了儒家思想的影响，而这种影响力时至今日依然没有消退。

总体来看，中华文明是在同其他文明不断交流互鉴中形成的开放体系，亲仁善邻、协和万邦是中华文明一贯的处世之道。天下一家、世界大同是中华民族源远流长的思想传统。中国人民始终与世界相互尊重、相互合作、共同发展。以和为贵、和而不同、化干戈为玉帛、天下大同等理念传承至今，已经镌刻进中国人的骨血之中。在"以和促合"的认知下，丝绸之路不仅得以重现，还必然发挥出远超古代的巨大价值，这对全世界爱好和平的国家与人民来说都是重大利好。

通过解读丝绸之路的历史和对文物的利用展示，可深化两个方面的认识，一是深入探索古代丝绸之路与当今"一带一路"倡议的关联性。可以得出的结论是，二者都是秉承着和合思想而形成的。这便是和合文化中"丝绸之路"的精华所在。二是以文物为载体，以深刻解读为核心，生动地讲述了中国的和合思想及"和合"故事。这不仅有助于中国人传承与发扬和合思想，还有助于从精神、文化层面促使丝绸之路进一步成为对外交流的文化桥梁，助力世界各国人民以更加丰富、更加深远的思维视域看待世界未来发展的问题。

丝绸之路既是古代的交通要道，又是与世界文化文明交融的重要渠道，以丝绸之路来体现"协和万邦"——交流互鉴、四海一家，以"协和万邦"来形容丝绸之路的重要性，再恰当不过。正如前文所述，和合文化是中国人在社会、生活、自然等方面不断学习、探索而来的。核心思想就是"人"，以人为本。有关丝绸之路的展览在国内举办过很多，学术文章也较为丰富，但是从和合文化视角来阐述"丝绸之路"，其实就是在讲丝绸之路产生的"中国基因"。

在表现和讲述丝绸之路与"协和万邦"的内容方面，首先讲述的就是丝路的开通、繁荣及文化的交流都有人的参与，人与"和"的思想才是丝路通融的核心。正如鲁迅所言："世上本没有路，走的人多了便成了路。"因为有了人的参与，丝绸之路上才有丝绸、陶瓷的贸易。人的流动与交流带来了经济的繁荣，同时也使多种文化形态，如粟特的胡腾舞、罗马的玻璃器，还有三大宗教、艺术、科技等经由丝绸之路传入中国，进而流传于世界。文化、艺术、宗教、科技在丝绸之路上相互借鉴、相互影响、不断传播，并融合于各处，达到了"和合"。经过交流与互鉴，人们的生活圈子被拉近了，人们的意识形态逐渐趋同，"世界""天下"在丝绸之路上就变得四通八达，同时也形成了一个同呼吸、共命运的整体，"共住地球村"的概念虽然在那个时候没有被明确提出，但是从唐代遣唐使的往来、明清时期世界地图的测绘等方面来看，当时人们已经逐渐形成了对世界的认知。

基于上述内容，"交流互鉴　四海一家"单元以丝路的源起、互通为开端，展出了体现行走在丝绸之路上的商人、官员等形象的陶俑（图3-15），如胡人吃饼骑驼俑（山西博物院藏）、三彩胡人骑马俑（陕西历史博物馆藏）、彩绘胡人骑骆驼俑（辽宁省博物馆藏）、三彩胡人鸟趣骑马俑（辽宁省博物馆藏）、丝囊骆驼俑（辽宁省文物考古研究院藏）、胡人骑骆驼俑（辽宁省文物考古研究院藏）、唐泥塑彩绘文官俑（旅顺博物馆藏）、唐泥塑彩绘武官俑（旅顺博物馆藏）。它们生动体现了经济交流带动了文化的交流与互鉴，更缩短了中国

图3-15 丝路互通展柜

与世界人民心与心之间的距离。丝绸之路的发展，使中国了解了世界，让世界懂得了中国，更使得中国成了世界发展的重要参与者和见证者。展柜的看板以时间轴的方式记述了自公元前 623 年至公元 1583 年丝绸之路上的大事小情，以文献历史讲述它的故事。

展览借陶俑、青铜器、金属钱币等文物，构建"展厅里的丝绸之路"，甘肃省博物馆藏东罗马鎏金银盘、宁夏博物馆藏胡旋舞石墓门等国宝级文物，见证了中外文化交融的历史进程。南京博物院藏《坤舆万国全图》是第一张中文版的世界地图，展示了古人对世界的认识，生动诠释了"天下大同"的价值追求。我们把中华优秀传统文化的代表与中西交流的实物例证同堂共展，就是想探索和平、和睦、和谐的和合文化，为今天应对人类面临的共同挑战带来有益的启示。在这部分的辅助设计与内容设计方面，丰富的展板内容、精心的设计使文物与观众之间形成"对话"关系，也使辅助展板与文物之间形成了相互支撑、互为补充的"协作"关系。从展览文物到看板，没有一处不是在叙述着丝绸之路的包容与融合，没有一物不是在用事实讲述着中华民族和合文化对丝绸之路的贡献，它们共同构成完整的展览线路和体系，让观众从多视角了解和合文化与丝绸之路的形成和发展密不可分。正是因为有了和合文化，中华民族具有了包容万物的强大内心，也正是这种强大内心使得丝绸之路在当下仍然散发着光芒。

（2）"与古为新　美成在久"

古代服饰、绘画、工艺、园林等，蕴含着与和合文化一脉相承的精神追求、精神特质、精神脉络，因此本单元的策划以传统工艺和物象为载体，展示在与世界对话的过程中，中华优秀传统文化不断传承，赋予时代新的内涵、表现形式和生命活力。中华文脉在赓续传承中，融汇古今、联通中外，发扬光大。展览选用了服饰、非遗工艺、奥运设计相关展品等，彰显中国传统文化与当代世界的联通关系。

对于自古传承至今仍焕发光彩的非遗工艺，策展团队选取了景泰蓝和缂丝来体现与古为新、美成在久。元代景泰蓝工艺从西亚阿拉伯地区传入中国，历经元、明、清、中华民国，直至当代，成为国家级非物质文化遗产，不仅是具有中华民族传统风格的艺术品类，更成为连接中国与世界、展现中华民族风范的国之重器。缂丝源于古埃及和西亚地区的缂毛工艺，从我国新疆地区逐渐流传至中原地区，目前发现的最早的缂丝出土物是唐代的一件缂丝腰带，缂丝工艺作品以实用品为主。辽宁省博物馆藏南宋朱克柔《牡丹图》《山茶蛱蝶图》以花鸟画为稿本进行缂织，集书画艺术与缂丝技艺于一体。经元明清实用性缂丝与观赏性缂丝共同发展，至今苏州仍是缂丝技艺传承的中心，当代缂丝产品体现了缂丝工艺的古为今用、古今传承的理念。

图3-16   2008年北京奥运会奖牌展示

　　2008年北京奥运会奖牌采用"金镶玉璧"的设计方案；2022年北京冬奥会奖牌纹饰为同心圆环，取自古代同心弦纹玉璧，象征"天地合、人心同"（图3-16）。北京冬奥会的主要竞赛场馆之一"雪如意"，因其跳台剖面与中国传统吉祥器物"如意"的造型相似而得名。这些都象征着我国古代器物的材质、工艺、图纹与象征意义，经过千百年的时间流逝与语境变迁之后，在当代依旧不断演绎生发出契合国家形象、符合时代审美的新的生命力，并由奥运会承载，与世界人民共享。因此"和衷奥运"文物组选取了西周虢国玉璧、清代如意、清代《山阁清秋图卷》等文物，通过深入解读其背后的和合文化内涵，展现奥运会传承的和合文化，阐明"与古为新　美成在久"的单元主题，同时引领观众进入展览的尾篇"一起向未来"。

（四）深挖内涵　拓展解读

　　"和合中国"展览鉴选的展品囊括了彩陶、青铜器、瓷器、丝绣、书法、绘画、古籍、碑刻拓片等各类文物，紧密围绕"和合"与"中国"两大主题，深挖展品内涵，打破展品局限性，从不同的角度、不同的层次来释读文物蕴含的和合思想。有些解读是无法在展厅全面呈现的，策展团队将其整理成文，附于图录，再从中提取精华放在展厅的辅助展板上，达到与展柜内陈列的文物共同叙事的效果。

1.先秦玉礼器的和合文化内涵——对重点文物展品所蕴含的和合思想的解读

　　先秦玉礼器蕴含着丰富的和合思想，展览精选了大量先秦时期玉礼器，如红山文化玉器、虢国墓地出土玉器等，全面阐述了其中蕴含的和合思想。具体阐述如下。

　　"和合"是中国传统思想与哲学中被普遍接受的人文精神，蕴含着中华民族独具特色的处世智慧，对中华民族文化的发展具有广泛而深远的影响力。"和"孕育于"不同"，即"万物的差异"。世界上的万事万物均是存在差异的个体，这些不同的个体被一种多元而博大广阔的精神包容，以一种巧妙的逻辑实现共生共存，化解了矛盾、冲突、对立，达到平衡适宜、秩序井然、和睦融洽，这便是"和合之道"。正是由于"和合之道"的存在，并在不断地发生着作用，事物之间才能够既相对独立又和谐统一，从而实现人类的繁衍生息、事物的更新迭代、文明的发展繁荣。中国古代哲学中"阴阳和而万物生"所指即为此理。

　　"和"的概念包罗万象，由人们的语言、文字、行为所承载和体现，在数千年的历史中不断传承并发展扩大。"礼"是"和"文化十分重要的一种内涵，所谓"礼者，天地之序也"，"礼"是天地之间重要的秩序和仪则，这种秩序和仪则实质上就是一种调和"不同"的方式。

"礼器"是古代人们用于祭祀天地神灵和象征身份等级差异的器物，是"礼"的物化。"以玉载礼"的历史由来已久，玉礼器是礼器的一大宗，分为两类：其一用于"以玉事神"敬天法祖；其二是"明贵贱""示等级"的身份信物。敬天法祖指与天地调和一致，体现的是人与自然的关系，即"天人合一的宇宙观"；而身份等级差异体现的则是人与人之间的关系，属于社会伦理范畴，即"和而不同的社会观"，追求的是人类社会的有序安乐。

（1）以玉事神——天人合一的宇宙观

"礼"字，最早出现于商代的甲骨文中，写作"豊"（古籍中"豊""豐"无别），战国以后加上"示"旁，成为"禮"。《说文解字》释"豊，行礼之器也。从豆，象形"，又言"礼，履也。所以事神致福也。从示从豊，豊亦声"。东汉许慎认为"礼"字意为古人用豆（盛食器）作为容器举行的敬神祈福的仪式。20世纪初期，王国维根据甲骨文对"礼"的本义进行考释，认为"豊"字上从珏，下从豆，意为"盛玉以奉神人之器"，因此是会意字。"礼"字的部首"示"始见于甲骨文，"示"古字形与祭台相像，通"祇"，"祇"是地神的称呼，因此以"示"作为部首的字多与祭祀等宗教信仰有关。综上分析可知"礼"字的本义应是：在祭祀仪式上，通过玉器敬天法祖，与神灵沟通，即所谓的"以玉事神""行礼以玉"。

中国古人的信仰分为天地自然神与祖先神两类，祭祀天地自然神与祖先神时均需要使用特殊的礼制用器。史前先民发现玉这种材质具有纯净、温润、坚硬、颜色美丽的特点，十分适合作为人与天地自然、祖先神灵沟通的媒介，于是便选择用玉来制作礼器，在祭祀活动中以玉通神、以玉祭神。

目前已知我国最早的玉器出土于距今约9000年的黑龙江省饶河县小南山遗址，出土了玉璧、玉管、玉斧等；距今约8000年的西辽河流域的兴隆洼文化出土了玉玦、玉管等；距今五六千年的西辽河流域的红山文化遗址出土了大量精美玉器，还发现了多处单独或与墓地共存的祭祀遗址，其中牛河梁遗址发现有女神庙、祭坛、积石冢群，是最高等级的祭祀遗址。红山文化墓葬随葬品多为玉器，极少见陶器和石器，这种特征被学者称为"唯玉为葬"。红山文化出土的玉器包括玉人、玉斜口筒形器、玉勾云形器及各类动物形玉器，具象、抽象者均有，这些玉器的造型很多能够与黄帝图腾熊、龙、龟、鸟、云等对应。红山文化玉器与原始崇拜存在着密切的关系，且不同墓葬随葬玉器的数量与玉器的组合方式均不同，反映了墓主身份的差异，体现出了鲜明的礼制意义。

关于人与天地神灵沟通时的具体形象，在红山文化玉器的造型上也有直接表现。牛河梁遗址第十六地点四号墓出土有红山文化玉人（N16M4:4），雕琢的是巫者祭祀作法时的形象。关于红山文化玉斜口筒形器的功能，由于其大多被置于头骨下部（此墓斜口筒形器位于墓主胸部），因此其曾被许多学者认为是佩戴于头部的法器，直到安徽凌家滩遗址出土了玉斜口筒形器——它与红山文化的玉斜口筒形器形制高度相似，二者均器体中空，呈上粗下细的筒状，下端短平齐口，上端斜敞口，内部附有长条形的玉签，应是占卜工具，学界由此认为红山文化玉斜口筒形器的功能极可能也与占卜相关。另外红山文化的玉C形龙、玉玦形龙、玉龟、玉凤及各类玉鸟都与原始的猪灵、龟灵和鸟灵崇拜有关。

红山文化还出土有许多玉璧，玉璧为"六器"之一。《周礼·春官·大宗伯》载："以玉作六器，以礼天地四方。以苍璧礼天，以黄琮礼地，以青圭礼东方，以赤璋礼南方，以白琥礼西方，以玄璜礼北方。""六器"是古人祭祀天地四方的玉礼器组合，至西周时期，其使用制度已达到了规范化程度，成为一种经典的以玉祭祀的礼仪制度。目前已发现的古代玉器中所属"六器"者数量非常庞大，河南省三门峡市虢国墓地即出土有西周时期的"六器"（图3-17），如玉璧（M2009:1026）、玉琮（M2009:802）、玉圭（M2009:88）、玉璋（M2006:15）、虎形玉佩（M2009:174）、尖尾双龙纹玉璜（M2012:126）。西周时期，玉器上出现了大量龙纹，还有凤鸟纹玉器，龙与凤属于自然神一类，源于

图3-17　虢国墓地出土的西周时期的"六器"（组图）

原始信仰中的龙崇拜与凤鸟崇拜。同一时期甚至还出现了许多人龙合纹的玉器，如虢国墓地虢仲墓出土的人龙合纹玉璧（M2009：1027），这种将人与神兽合而为一的造物观，体现出了"万物相通""物我一体"的思想。

　　敬天法祖是原始宗教仪轨伴随着文明发展而诞生的信仰活动，源自原始先民对自然的感性认知与体悟，原始先民认为万物有灵，敬畏自然，并希望与自然和谐共生，于是通过祭祀活动来寻求神灵庇佑。史前时期，诸如凌家滩文化、龙山文化、良渚文化等遗址出土的玉器，其功用、内涵与红山文化大体一致，是用于卜筮、祭祀、随葬的礼器。先民试图通过原始信仰来认识和解释自然现象，并与自然沟通对话，以期得到自然的眷顾，实现风调雨顺、子嗣绵延的朴素愿望。因此可以说，古人祭祀是为了与天地调和一致，达到人与自然的和谐，实现天人合德的理想状态。

（2）身份信物——和而不同的社会观

除作为敬天法祖的"神玉"以外，玉礼器还有"明尊卑""示等级"的功能。在古代人类社会中，人与人的身份地位均存在上下、尊卑差异，需要以某种信物作为尊贵身份的标识，玉器便是这样一种重要的信物。

新石器时代的玉器已经分化出了一些能够彰显人与人之间身份等级差异的类型，但仍以敬天法祖之用为主。之后，随着人类文明的发展，玉器逐渐褪去"神"的色彩，回归"人"的世界。

夏商时期，先民已经走出了史前社会的荒蛮，对自然的认识有所发展，理性因素大大增加，对天地神灵的崇拜已经开始松动。《礼记·表记》载："夏道尊命，事鬼敬神而远之。"这意味着夏代政教尊崇地位高的人，即君主政令，侍奉鬼神但敬而远之。较新石器时代而言，夏代人对自然神与祖先神的崇拜程度均有所下降，他们对原始宗教已经不再狂热信仰，更加注重人与社会之间的关系，将崇拜的目光由"神"转向"人"。这种转变使夏代玉器的内涵也随之发生了转变，史前时期敬天法祖所用的神圣玉器进入人的社会生活之中，由"神玉"转为"人玉"，从原始时期的"礼天地""祭神灵"转向"明尊卑""示等级"。由于文献资料的不足和考古资料的缺乏，夏代的文化内涵始终不甚明晰，主流观点主张河南偃师二里头文化遗址出土的玉器是夏代玉器，包括玉柄形器、玉钺、玉圭、玉璋、玉戈等，大多出土于中型贵族墓葬，与青铜器、漆器等同时出土，其礼仪兵器与礼仪化工具的内涵十分明显，是使用者高等级身份的标识物。

商代是在夏代基础上建立起来的，吸收了夏代有利于维护统治秩序的等级制度。在祭祀活动中，殷人大量使用青铜器，并用玉器，商代玉器全面继承了夏代玉器的器类、形制与使用制度。《礼记·表记》载："殷人尊神，率民以事神，先鬼而后礼。"其中"礼"即体现人与人之间等级差异的礼法制度。较夏代而言，殷人尊崇神明，认为神明是万物主宰，君主率领百姓祭祀敬奉。从出土玉器来看，商代后期，玉礼器极为繁荣，祭祀器、仪仗器、丧葬器一应俱全。

西周是礼制成熟化、规范化的时期，形成了一整套等级森严、系统完备的用玉制度。武王灭商后，周天子分封诸侯，以藩屏周，形成了以周天子为中心、各诸侯国相对独立的大王朝。为维护天子的至高统治地位，周公旦总结原始宗教仪轨，制定了体现身份尊卑的礼乐制度，即"周礼"。"周礼"是以"礼"来区别宗法等级秩序的社会生活规范，宗法制以血缘伦理关系为基础，以嫡长子继承制为核心，以实现天子与诸侯之间关系和睦为目的，从而维护政治等级和社会秩序稳定。《礼记·表记》载："周人尊礼尚施，事鬼敬神而远之。"可知西周时期尊崇礼法重于祭祀神明。需要指出的是，周人认为"天哀于四方民""民之所欲，天必从之"，"天"十分注重"民"，四方之民的统治者须由"天"选定，民意即天意，统治者唯有保民爱民，获得民的支持，方可实现"以小民受天永命"。商代之前，人们将神明视为万物的主宰，认为神明意志不为人所左右、无法捉摸，而周人则认为天意在民，由"重神"转为"重民"，其治国理念体现出一种民意论的天命观，这在西周时期的玉器上也有所体现。

《周礼·春官·大宗伯》载："以玉作六瑞，以等邦国：王执镇圭，公执桓圭，侯执信圭，伯执躬圭，子执谷璧，男执蒲璧。""六瑞"是周代王及各等级诸侯朝聘时所持的六种玉器信符，以区别身份尊卑。从考古资料来看，西周时期的玉器主要是佩玉，出土了大量组玉佩。如山西省曲沃县北赵村晋侯墓地92号墓出土的西周四珩四璜联珠串饰，其出土于墓主胸腹部，过颈佩戴，由4件玉珩、4件玉璜、4件玉圭、4件束腰形玉片、2件玉贝及22件玉珠和玉管、193件玛瑙珠和玛瑙管、1件绿松石管、149件料珠和料管组成；晋侯墓地8号墓出土的三璜双环双玦玉佩也是墓主过颈部佩戴，呈U形，上端为双环，环上各有1块，以玉珠、玉管、绿松石珠、玛瑙珠串联；晋侯墓地31号墓出土的六璜联珠串饰包含了6件玉璜以及402件红色玛瑙珠、料珠；河南省三门峡市虢国墓地虢季夫人墓（M2012:115）也出土了西周五璜联珠串饰。西周时期的佩玉者为统治阶级，他们身佩大量组玉佩，以体现尊贵的身份，玉璜在西周时期组玉佩中十分常见，多璜组玉佩是王与诸侯、高级贵族区别身份等级的标识物，通常来说，组玉佩中玉璜数量越多，佩戴者的身份等级越高。

西周时期，玉器在"明尊卑""示等级"的同时，还衍生出了另外一种功能，即"彰品德"。周人逐渐消除了对鬼神的信奉，主张"天命靡常，惟德是辅"，认为命运无常，只有"敬德保民"者才是天命所归。因此西周时期，尊者通过佩戴玉器来告示卑者，其不仅拥有尊贵的身份，更具备高尚的道德品行，能够"以德配天"，以令卑者尊重、配合、服从。在这种"德治"的背景下，尊者需恪守德行规范，自我约束，卑者需尊重、拥戴尊者，二者严格遵守身份等级制度，这便是守礼、尊礼。反之，尊者道德有失、品行不端，无法令人尊重和信服，卑者不遵守身份等级制度，有僭越的思想和行为，以下犯上，便是目无礼法、有违礼制。"周礼"将"礼"与"德""身份尊卑"相关联，使"礼"成为全社会共同遵守的价值规范与行为准则，由此实现人与人之间尊卑有度、谦和有礼、关系融洽和睦，这是我国古代"礼乐文化"的内涵和意义所在，也是圣人制礼作乐的本意所在。

春秋时期，伴随着"礼崩乐坏"，玉器的内涵逐渐由"明尊卑"转向"彰品德"，"明尊卑"的内涵已不甚重要，玉器从"人玉"转向"德玉"。《诗经·大雅·卷阿》载："颙颙卬卬，如圭如璋，令闻令望。岂弟君子，四方为纲。"以玉圭和玉璋来比喻君子美德，认为各诸侯应该以这种品德标准为榜样。孔子对"君子比德于玉"做过阐释，认为玉有十一种美德，即仁、智、义、礼、乐、忠、信、天、地、德、道。子曰："夫昔者，君子比德于玉焉。温润而泽，仁也；缜密以栗，知也；廉而不刿，义也；垂之如队，礼也；叩之，其声清越以长，其终诎然，乐也；瑕不掩瑜，瑜不掩瑕，忠也；孚尹旁达，信也；气如白虹，天也；精神见于山川，地也；圭璋特达，德也；天下莫不贵者，道也。"管子认为玉有九德；

东汉许慎根据玉的质地色泽总结归纳，认为玉有五德。关于玉德的这三种说法大同小异，实际上均是理想人格的象征，属于儒家的社会伦理规范，其中"仁"在三说中均有。"仁"是儒家思想的核心，在社会治理层面，仁德也是对统治者个人修养的要求，统治者需以政为德，仁政治国。如果社会各阶层中人人皆具备这些玉器所代表的美德，便可以做到克己复礼、谦和友善、安居乐业，那么社会自然安定和谐，海晏河清。

玉礼器孕育于史前，发展于夏商之际，完备于西周。史前先民用玉器来敬天法祖，以求与自然和谐共处；进入阶级社会后，玉器成为象征身份等级的信物，令威仪有序，在当时的历史背景下，助益了社会的稳定和谐。西周时期施行礼乐制度，对佩玉的统治阶级在仪范和道德上提出了更高的要求，要求统治阶级具备敬德爱民的品行与受人尊敬拥戴的智慧，玉器从而被赋予了高尚美好的品德内涵，成为君子美德的象征，令尊者施仁政，卑者尊礼循制，上下和睦相安，人人和善相亲。这便是在"礼"的范畴内，玉器在蒙昧的人类社会初期和夏商周之际尊卑分明的阶级社会中所产生的"和合"作用。

2.先秦服饰的和合文化内涵——对展品之外重要文物所蕴含的和合思想的延伸拓展式解读

展览除了通过展板文字、多媒体辅助陈列等形式，对展品之外的中国古代代表性文物所蕴含的和合思想加以拓展式解读外，还通过编写展览图录，将有限的文物展览延伸为无限的文化释读与思想展示，其中最典型的是基于展览"服章之美"的展品组合对先秦服饰所蕴含的和合思想的解读。

和合思想是中国传统思想文化中以"天人合一"为核心内容的一种思想理念和思维方式，是中国传统文化的精髓和最有价值的观念之一，也是维护中国千百年历史不中断的坚韧纽带。和合思想广泛地体现在阴阳五行论等许多方面的思想学说中，如《易传》中和合思想的核心是阴阳的对立统一，而四时有序、天地和合并不是它追求的最高境界，它追求的最高境界是人与天地合德，是"天人合一"。

服饰是社会文化的产物，是人类独有的特殊技巧和智慧的创造。作为中国传统文化的一部分，穿衣一开始便是一种文明的象征，中国服饰文化的肇端便是中国古文明发祥的标志之一。先秦时期是中国数千年传统文化发轫、奠基的历史时期，服饰作为人类社会生活中不可缺少的组成部分，在先秦时期已形成了完备的制度，其服饰制度特有的风格对之后历朝历代的服饰都有深刻的影响。中国古代服饰既是实用品又是象征物，其在形成过程中，围绕君权神授、吉祥瑞应、君子德行、神物威仪等方面，与当时的和合思想有着千丝万缕的联系，并在形制、款式、色彩和纹样等方面形成了具有独特民族个性的文化现象。

根据中国古代服饰的有关资料，并结合存在于阴阳五行论等许多思想中的和合思想，我们能够发现先秦服饰与和合文化之间的关系。

先秦服饰主要在以下几个方面体现了和合文化的精神。

第一，先秦服饰制度中存在尊卑有序的等级制度，上自天子，下至庶民，有上下尊卑之分，在各项礼仪活动中，都有相应的服饰，与尊卑有序的等级相协调、相一致、相和谐，这样才能维护社会的正常秩序，这也就是和合思想强调的社会人际关系要"和合"。我们从先秦服饰的发展可以看到，随着西周宗法、分封制度的完善，从中央到地方，从天子、诸侯、卿、大夫到士、庶人，社会的等级划分十分清楚，与这种等级制度相适应，产生了各种各样的礼仪，并成为社会上层建筑的组成部分。这些礼仪可划分为吉、凶、军、宾、嘉五大类，各类又包括许多内容。进而，服饰制度也被纳入"礼制"的范畴，人们穿衣戴帽的样式和规格，也就成了礼的表现形式。中国古代的服饰一向讲究"冠冕堂皇"，《左传·桓公二年》云："衮、冕、黻、珽，带、裳、幅、舄，衡、纮、綖，昭其度也。藻、率、鞞、鞛，鞶、厉、游、缨，昭其数也。火、龙、黼、黻，昭其文也。"衮指绘有龙纹的礼服，冕是头上的礼帽，黻是佩于带下的蔽膝，珽即玉笏；带是腰间的革带，裳是下裙，幅是行縢，舃是复底的履；衡紞纮綖、藻率鞞鞛、鞶厉游缨是冠带上的各种配件及名称；火龙黼黻则是衣上的纹样。这段记载从冠冕、上衣下裳、服佩到鞋履，其佩饰、装饰纹样等，说的就是这种配置完备、衣裳冠冕的尊卑等级制度和纹饰标明贵贱的规定，昭明其制度，分别其尊卑等级。

　　从先秦开始形成的这种服饰制度，经历代有所损益，但服饰作为礼制之一，处处体现着等级制度的本质，各色人等都有符合自己身份的服饰，一定的服饰与人们的社会地位、等级尊严紧紧联系在一起。只有这样，才能达到统治者御人有术，各阶级和谐共处，维持正常社会秩序的目的。

　　第二，服饰必须被穿在人的身上，需要与人合为一体，才能真正体现服饰的价值。和合思想主张和谐一致，不仅是与自然的和谐，而且是自身的和谐。先秦服饰自身的和谐体现在：服饰具有统一的整体配合的特点，包括头衣、上衣、下裳、足衣及有关的附件、配饰，从头衣至足衣，是一套样式齐全、配合缜密、功能完备的服饰体系。从款式上看，有两种基本类型：一是上衣下裳制，即上衣与下裳分服；二是衣裳连属制，即深衣制。头衣的冠、冕、弁，上衣的衣、袤、袍、襦、裘，下裳的袯、裳、绔、襄、行縢及带、带钩、佩玉、饰物、笏、佩剑，足衣的履、舃、袜等互相搭配构成古人的服饰。服饰不仅具有御寒防晒、美观的功能，还具有祭祀、丧葬、军事等方面的功能。

　　第三，人类对服饰的要求，不仅在于蔽体、保暖散热的功能要完善，从头至足的整体配合要完备，而且更要美化。古人对服饰的审美观来自古人对自然界的深刻观察和模拟创造，体现在服装纹样与自然界景物的相生相谐上，它是对自然界事物的抽象与升华，并加入了人文的观念，以及人内心深处的思想与信仰。

　　《易·系辞传》说古人"仰则观象于天，俯则观法于地，观鸟兽之文与地之宜"。在不断观察自然界万物形态的过程中，把它作为创造服饰形、色、纹等的源泉，使服饰在发展上既符合实际需求，又可以达到审美的目的。例如，由周人整理的《尚书·益稷》云："予欲观古人之象，日月星辰山龙华虫作会，宗彝、藻火、粉米、黼黻、絺绣，以五采彰施于五色作服。"益、稷即帝舜时代，也就是原始时代，在原始社会，服饰是没有等级观念的，这里讲的五服十二章纹，实际应是封建社会的服饰制度。古人将天地间万物的形态、色彩施于服饰上，使之皆有含义，隐喻天子贵族的风操品行。如日月星取其照耀之意；山取其能兴云雷或取其稳重，象征天子镇抚四方；龙取其应变；华虫（一种雉鸟）取其纹彩或耿介的本性，示王者有文章之德；宗彝上有虎、蜼二兽，虎取其猛，蜼取其智或孝；藻（水草）取其有文或取其洁；火取其光明；粉米取其洁净养人，象征有济美之德；黼取其决断，黻取其去恶向善。而周人冕服中的玄衣，裳则象征天地之色。这种将自然界的各种事物形象化或抽象化于服饰上的做法，只有在中国古代受和合思想及等级制度的影响下，才会形成。

这种十二章纹在历代帝王的冕服上一直存在，《明史·舆服志》记载："自黄、虞以来，元衣、黄裳为十二章。日、月、星辰、山、龙、华虫，其序自上而下为衣之六章。宗彝、藻、火、粉米、黼、黻，其序自下而上为裳之六章。"永乐三年（1405）又定："元衣八章，日、月、龙在肩，星辰、山在背，火、华虫、宗彝在袖……"进一步规定了各式章纹在"衣裳"中的构图位置。

古人的审美观还充分表现在衣服色彩的搭配上，在用色及其搭配上处处体现服与色的协调统一。如先秦时期穿裘，毛是朝外的，裘有狐裘、虎裘、狼裘、犬羊之裘。裘之外，要覆加外衣，叫裼衣，裼衣的作用是给衣着增添文饰，以与所从事的活动相适应。《礼记·玉藻》郑玄注曰"裼，主于有文饰之事"，如臣在君前就属于文饰之事，要加裼。凡裼衣的颜色同其裘色，《论语·乡党》："缁衣羔裘，素衣麑裘，黄衣狐裘。"不仅裘皮服装要与外面的裼衣颜色相衬，而且衣缘镶边配衬的色泽也各有不同的调配。《礼记·玉藻》亦云："麑裘青豻（犴）褎（袖），绞衣以裼之；羔裘豹饰，缁衣以裼之；狐裘，黄衣以裼之。"

　　第四，和合思想强调调和事物的多样性，并主张容纳多样性，达到阴阳和合。在等级社会里，服饰的色彩有正色和间色之分，以区别尊卑，尊者多服正色。《礼记·玉藻》："衣正色，裳间色。"所谓正色指青、赤、白、黑、黄；所谓间色，是指用正色调配出的颜色。孔颖达注："正谓青、赤、黄、白、黑五方正色也。不正谓五方间色也，绿、红、碧、紫、骝黄是也。青是东方正，绿是东方间。东为木，木色青。木克土，土黄，并以所克为间，故绿色青黄也。朱是南方正，红是南方间。南为火，火赤克金。金白，故红色赤白也。白是西方正，碧是西方间。西为金，金白克木，木青，故碧色青白也。黑是北方正，紫是北方间。北方水，水色黑。水克火，火赤，故紫色赤黑也。黄是中央正，骝黄是中央间。中央为土，土克水，水黑，故骝黄之色黄也。"从这段记载可以看出，服饰色彩是礼制的一个重要方面，色彩被赋予了象征高贵与卑微的人为因素。青、赤、黄、白、黑为正色，象征高贵，所以只能用于礼服、外装和上衣，间色是用于内衣、下裳以及妇女和平民服饰的颜色。《诗经·邶风》："绿兮衣兮，绿衣黄里。"《毛传》："绿，苍胜黄之间色；黄中央之土之正色。间色贱而以为衣，正色贵而以为里。"可见对正色和间色的理解及人们对服色的选择观念，也体现了五行和合，事物阴阳的和合与不和合是并存的、互相转化的思想。

　　阴阳和合的最高境界是人与天地合德，是"天人合一"。按照古人的观念，天为阳，地为阴；男为阳，女为阴。西周时期服饰的构成就体现了这种男女性别不同的阴阳观念。依《易·系辞传》，一、三、五、七、九为天数，属阳性；二、四、六、八、十为地数，属阴性。九为阳，故天数常以九来表示，王服设九种，所以天子之祭服六、常服三，衣服九种；六为阴，故地数常以六来表示，后服设六种，王后祭服三、常服三，衣服六种。阳色尚文，故有章数等级之别，冕冠旒数三、五、七、九，衣服之九章图案一、三、五、七、九，其等级差别皆取天数。阴色尚质，故王后衣服不异其色，无殊章之品。

　　第五，古人不同的服饰色彩的构成蕴含着阴阳五行的理论，《尚书·洪范》云：

"五行：一曰水、二曰火、三曰木、四曰金、五曰土。"金味辛、木味酸、水味咸、火味苦、土味甘。《左传·昭公元年》："天有六气，降生五味，发为五色，徵为五声。"《左传·昭公二十五年》："则天之明，因地之性，生其六气，用其五行，气为五味，发为五色，章为五声。"杜预注五色为"青、黄、赤、白、黑"。又《左传·桓公二年》"五色比象"，杜预注"比象天地四方"。通过这些材料可以看出，古人认为五行兼五味，而五味与五色皆为天地六气的表现形式，五种正色青、赤、白、黑、黄与木、火、金、水、土的五行之间存在着某种联系。而先秦时期礼服的服色则正是依据天地所发的五种正色青、赤、白、黑、黄而安排的。

至战国时期，战国思想家邹衍在原始的五行观念基础上，提出了阴阳消长、五德终始学说，以五行的相生相克、五色的变换来说明朝代更替的历史规律，成为战国七雄夺取和巩固政权的一种舆论工具。根据《礼记·月令》，祭祀时，东方甲乙木，服尚青；南方丙丁火，服皆赤；中央戊己土，服皆黄；西方庚辛金，服皆白；北方壬癸水，服皆玄。至此，有关服饰五色与五行相联系的观念也发展到了顶点。根据《吕氏春秋》，季节不同，天子服饰的颜色也有安排：孟春衣青衣，服青玉；孟夏衣赤衣，服赤玉；季夏衣黄衣，服黄玉；孟秋衣白衣，服白玉；孟冬衣黑衣，服玄玉。这是按季节的五行制定服色，同时也形成了服饰中关于服色五行的理论体系。五行与五色、五德相连，黄帝土德尚黄，夏禹木德尚青，商属金德尚白，周代火德尚赤，秦属水德尚黑。五行相克，循环发展。历代皇帝改朝换代后，几乎都要实行"易服色"的举措。汉属土德，虽开始随秦尚黑，但至汉文帝时贾谊提出"改正朔，易服色"而改尚黄。唐高祖武德初年，规定"天子常服黄袍，遂禁士庶不得服，而服黄有禁自此始"，即下令不准百姓穿黄色衣裳，从此黄色也成了帝王专用的服色，成为皇室威严的象征。

总之，先秦服饰是在等级制度的社会中发展变化的，由于礼制的要求，不同等级出现对服饰不同的要求。一方面，服饰同其他社会现象一样，受到社会发展变化规律的制约，是社会历史发展进程的一个组成部分。另一方面，和合思想从先秦到宋明经历了比较大的变化，深刻地影响了中国思想文化的发展。不同时期有影响力的思想文化的潮流，都对服饰文化有直接或间接的影响，使它渗透到了古代社会的许多方面，诸如政治、经济、军事、民族、地域及意识形态等各个领域，进而形成了中华民族特有的东方服饰体系，构成了中国传统文化的一个重要方面。

（五）展品图文　相契相合

"和合中国"展览在内容设计上，紧密围绕展览主题，以蕴含和合文化的展品为基础，辅以丰富的文字、图片、表格等展板内容，展板内容与展品高度契合、相辅相成，立体化解读展品，阐释和合文化精神。下文以第三部分第一单元及第四部分第二单元的文物组为例，呈现展板内容与展品的契合。

1.第三部分"和而不同"第一单元"礼序乾坤　乐和天地"

第一组制礼作乐。《礼记·明堂位》："武王崩，成王幼弱，周公践天子之位以治天下；六年，朝诸侯于明堂，制礼作乐，颁度量，而天下大服。"周武王灭商后，实行分封制，形成了天子、诸侯、卿大夫、士等各级宗族贵族组成的金字塔式等级结构。为了维护统治，周公制礼作乐，也就是周代的礼乐制度。"礼"是对人的身份进行划分的社会规范；"乐"是基于礼的等级制度，用"乐"可缓和社会矛盾，实现"经国家，定社稷，序民人，利后嗣"。

　　此组陈列展示了虢国墓地出土的七鼎八簋八鬲（西周波曲纹铜鼎、西周 S 形窃曲纹带盖铜簋、西周回首龙纹铜鬲）、虢国墓地出土的"沃盥之礼"用器（西周瓦垅纹铜匜、西周铜盘、西周窃曲纹铜盉）。辅助展板的内容设计如下。

　　其一：藏礼于器——西周的礼乐制度主要体现在青铜礼器的配置上，具有严格的等级规定。在祭祀、宴飨、随葬时，依使用者身份配置相应数量的鼎、簋，天子为九鼎八簋，诸侯、卿大夫依次递减，不得僭越。虢国墓地 M2011 是虢太子墓，出土了青铜列鼎七件、列簋八件、列鬲八件，是西周宗法等级制度的实物例证。

　　其二：九鼎——夏朝初年，大禹划分天下为九州，分别是冀州、兖州、青州、徐州、扬州、荆州、豫州、梁州、雍州，并用九州进贡的金属铸九鼎，分别铭刻了九州图像。九鼎代表华夏九州，拥有九鼎便代表拥有九州天下。青铜宝鼎成为至高无上权力的象征，是"礼制"的物化表现。

　　其三：西周鼎簋制度等级图（图 3-18）。

　　其四：周代礼乐制度等级表（表 3-1）。

　　其五：沃盥之礼——沃盥是西周时期盛行的礼仪之一，"沃"指浇水，"盥"指用水洗手。盉与盘、匜与盘分别是一组"沃盥"礼器，盉、匜为注水器具，盘为承接水的器具。一人持贮满水的铜盉或铜匜，由器口向下浇水，受沃者仰掌冲洗手部，以铜盘在下部承接沃手的弃水，这一过程便是"沃盥"。"沃盥"用器在西周早期为盉与盘，在西周晚期与春秋战国之际多为匜与盘，战国以后"沃盥之礼"渐废。

图3-18　西周鼎簋制度等级图

表3-1　周代礼乐制度等级表

等级	钟磬乐悬	乐舞	青铜礼器
王	宫悬四面	八佾 （8行，每行8人，共64人）	九鼎八簋
诸侯	轩悬三面 （缺南面）	六佾 （6行，每行8人或6人，共48人或36人）	七鼎六簋
卿大夫	判悬二面 （东、西面）	四佾 （4行，每行8人或4人，共32人或16人）	五鼎四簋
士	特悬一面 （仅有东面）	二佾 （2行，每行8人或2人，共16人或4人）	三鼎二簋

图3-19　金声玉振组辅助展板

第二组金声玉振。此组陈列展示了春秋郑国编钟（河南省新郑郑国祭祀遗址出土）、战国齐国石编磬（山东省阳信县城关镇西北村战国墓出土），辅以六组展板、一组多媒体背景音乐、一组观众互动场景设计（图3-19）。辅助展板的内容设计如下。

其一：五声八音。西周时期，以"五声八音"为乐，五声为音阶，即宫、商、角、徵、羽。八音是器乐的分类，即土、竹、革、匏、丝、石、金、木八种材料制成的乐器，土曰埙，竹曰管，革曰鼓，匏曰笙，丝曰弦，石曰磬，金曰钟，木曰柷。

其二：编钟。又名歌钟，是我国古代重要的打击乐器，由若干个大小不一的钟按照音阶有序地排列悬挂在木架之上，敲击时每个钟的音高各不相同。

其三：磬。磬是用玉石制成的打击乐器，形状似曲尺，以绳悬挂在架上，用木槌击奏，多用于宫廷雅乐演奏或盛大的祭典。单一的称为"特磬"，成组的称为"编磬"。

其四：和。从自然现象到人文观念——不同的声音和谐共处形成的谐音是一种自然现象。基本乐理揭示，八度、五度、大小三度和谐地凝聚于谐音列中，被早期的骨哨、骨簧、陶埙、陶铃等乐器有选择地表现，形成了人们的听觉偏好。周代双音钟的一钟双音三度音程结构，正是这一偏好的体现。人们把自然现象的"音程之和"类比为"和而不同"的社会观，象征中国传统和谐观的初步形成。

其五：西周礼乐制度与"乐悬"——"《礼》以节人，《乐》以发和"。礼与乐二者互配使用而相得益彰，形成完备的礼乐制度。乐制含音乐、舞蹈、歌咏、讽诵等，有礼制乐章可循。周代"乐悬"即指钟、磬之类大型编悬乐器之配置，是礼乐制度中彰显等级的重要内容。

多媒体背景音乐选曲是编钟演奏乐《湘夫人之歌》。观众互动场景为在仿制的编钟乐器上进行实物击奏，深受广大观众喜爱。

第三组礼乐千年。礼乐文化孕育于夏商之际，西周初年，周公旦制礼作乐，礼乐文化系统形成。礼乐文化受到儒家诸子的极力推崇，孔子在继承西周礼乐制度的基础上，将"礼乐"的内涵演变为社会秩序下的"人伦和谐"，主张通过"礼乐教化"使人修身悟道、谦和有礼、威仪有序、远近和合。

"尊礼循乐"是儒家文化治国安邦的精神基础，"礼乐"由儒家文化承载，对后世产生了深远的影响，延续3000年而不衰。此组陈列展示了北宋大晟南吕编钟，北宋大晟黄钟编钟，南宋高宗书、马和之画《周颂清庙之什图》，南宋佚名《卤簿玉辂图卷》，清代《乾隆大驾卤簿图》。辅助展板的内容如下。

其一：文摘——《论语·学而》："礼之用，和为贵。先王之道，斯为美。小大由之，有所不行。知和而和，不以礼节之，亦不可行也。"今译：礼的作用，贵在与事体相称，和谐有序。先代圣人的礼制之道，以"和为贵"为最高理想。无论事大事小，都遵循"和为贵"。知道和谐的好处，希望社会和谐，如果不用礼来节制，也无法取得实效。

其二：清代乐司——清代皇室举办的许多典仪都需要奏乐，因此出现了相应的机构。顺治时期沿用明朝的教坊司。教坊司掌雅乐与俗乐，雅乐即中和韶乐、丹陛大乐等，在皇帝祭祀天地、祖先和朝贺等国事大典时演奏；俗乐是各种民间音乐戏剧的泛称，包含百戏、队舞、讴歌等；宫中举行宴会时所奏之乐，称为筵宴乐；皇帝出行仪仗所奏之乐，称为卤簿乐。康熙皇帝与乾隆皇帝均精通音律。康熙皇帝倡导将传统雅乐与满族民族音乐结合，定制出具有清代特色的宫廷乐章。乾隆皇帝曾对雅乐进行整理、修订，对大典大祀所奏之"乐"进行了规范。

其三：卤簿——古代帝王出行仪仗、车马及随从人员的总称，有着明制度、示等级、保安全的作用。"卤"字亦作"橹""樐"，即一种甲制的大盾牌，排列有一定的先后顺序，且专门有簿籍记载，帝王出行时仪仗需严格遵循簿籍所载的甲盾顺序，故而称为"卤簿"。"卤簿"之名始于秦汉，最初起警跸的作用，后来增加了执举金瓜、宝顶、幡旗和乐舞的仪仗。

其四：玉辂——玉辂是古代帝王祭祀时所乘的以玉装饰的车子，又称玉路，是五辂之首。五辂是古代帝王出行乘坐的五种车子，分别以装饰物材质命名，按照级别高低依次为玉辂、金辂、象辂、革辂、木辂。玉辂用于祭祀；金辂用于礼宾；象辂用于视朝；革辂用于作战或巡视国土；木辂用于打猎。

2.第四部分"协和万邦"第二单元"与古为新　美成在久"

第一组古今合璧。陈列展示了西周虢国玉璧、汉代谷纹玉璧、清代"长宜子孙"

螭凤纹玉璧、商人形玉璜、西周虢国尖尾双龙纹玉璜、辽龙纹玉璜、西周应国二璜联珠组玉佩、西周应国玉项饰、2008 年北京奥运会金牌、2008 年北京奥运会银牌。辅助展板的内容设计如下。

其一：我国古代器物的材质、工艺、图纹与象征意义，经过千百年的时间流逝与语境变迁之后，在当代依旧不断地演绎生发出契合国家形象、符合时代审美的新的生命力，并由奥运会承载，与世界人民共享。

其二：2008 年北京奥运会奖牌采用金镶玉璧的设计方案，挂钩部位设计灵感来源于玉璜，喻示以玉比德、金玉良缘的观念。2022 年北京冬奥会奖牌纹饰为同心圆环，取自古代同心弦纹玉璧，象征天地合、人心同；圆环上的 24 个圆点及运动弧线，源自古代天文图，代表人与自然和谐共生。

其三：2008 年北京奥运会开幕式表演中，2008 名演员击缶而歌，吟诵"有朋自远方来，不亦乐乎"。缶的造型源自曾侯乙墓出土的铜鉴缶。表演以大气恢宏的活字印刷术形式呈现出多种书体的"和"字，渗透着中华民族的处世智慧。

第二组如意和美。陈列展示了清代青玉仙山楼阁纹如意、木柄三镶玉如意、竹雕三多如意。辅以展板文字"雪如意是北京冬奥会的主要竞赛场馆之一，因其跳台剖面与中国传统吉祥器物如意的造型相似而得名。如意，其名称起源于秦汉时期的一种搔痒和掏耳器具，因代劳手不能到之处，可尽如人意，故有'如意'的雅号；其缘于朝官的执笏，因执笏过于严肃，崇尚自由放逸的魏晋士大夫便创造了如意；其造型取自古人心中的长生不老神药——灵芝。宋代时，如意演变成为厅堂陈设品，明清之际十分盛行"。配图是北京冬奥会的主要竞赛场馆雪如意（图 3-20）。

第三组丹青不渝。陈列展示了清代高岑《山阁清秋图卷》、朱昂之仿赵孟頫

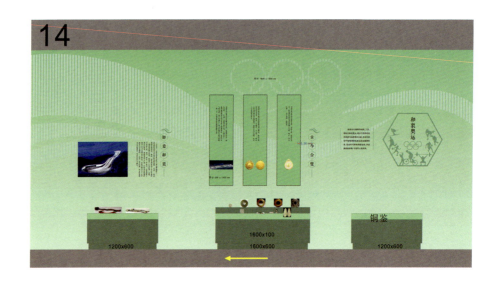

图3-20　古今合璧组、如意和美组展品及辅助展板组合效果图

《云岭清钟图轴》，都是青绿山水。2022 年北京冬奥会花样滑冰自由舞赛场上，中国选手王诗玥与柳鑫宇的舞蹈动作借鉴了中国武术的经典招式，服装设计灵感则取自中国青绿山水画，两件演出服一山一水，演绎了冰上版的"只此青绿"。青绿山水是中国传统绘画的重要一支，是典型的工笔重彩表现技法，矿物颜料以石青、石绿为主，青绿相呈，色彩瑰丽。其中又有大青绿、小青绿之分。大青绿多勾廓，少皴笔，着色浓重，装饰性强；小青绿是在水墨淡彩的基础上薄施青绿，色彩淡雅柔和。展品选择青绿山水画，并辅以相关的展板图文，即根据北京冬奥会花样滑冰自由舞项目中王诗玥、柳鑫宇的演出服色彩与舞蹈动作重新设计，绘制唯美的青绿舞蹈效果图，在展柜内形成了微型组合，并与中心柜的奥运奖牌遥相呼应（图 3-21）。

图3-21　丹青不渝组设计图及展示实景（组图）

三、淡雅和合：展览的形式设计

　　"和合中国"展览根据"天人合一""人心和善""和而不同""协和万邦"四部分内容，结合展厅的陈列条件，选用了辽宁省博物馆三层的 22 号、21 号、20 号展厅，展厅总面积 3738.1 平方米，展线长度 387 米，三个展厅均为恒温、恒湿的书画展厅，可满足展览中的书画、漆器、纺织品等的展示条件。展厅位置与展览顺序方面，22 号、21 号、20 号展厅位置相邻，22 号展厅处于二层至三层上行手扶电梯出口位置，是最大数量观众的入口，因此策展团队依照内容设计，将 22 号展厅设计为展览的开端，顺序依次为 22 号展厅—21 号展厅—20 号展厅。

（一）展线布局　科学规划

　　"和合中国"展览以三个展厅来设计四部分内容，策展团队基于内容的独立性、完整性和文化内涵的趋近性，以及展品数量与展线长度的匹配性等因素，综合考虑，科学规划。展览的四部分内容从文化内涵方面考量，其中"天人合一"部分阐释的是人与自然的关系，即自然观的内容；"人心和善"与"和而不同"两部分阐释的均是人与人之间的关系，即道德观、社会观的内容；"协和万邦"部分阐释的是中与外、古与今的关系，即时空发展。由于"人心和善"与"和而不同"两部分阐释内容的文化内涵具有一致性，因此将这两部分内容安排在同一展厅陈列。展览陈列设计方案为以 22 号展厅展示"天人合一"部分；

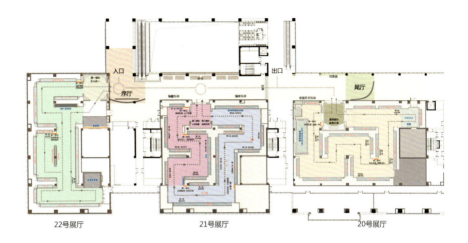

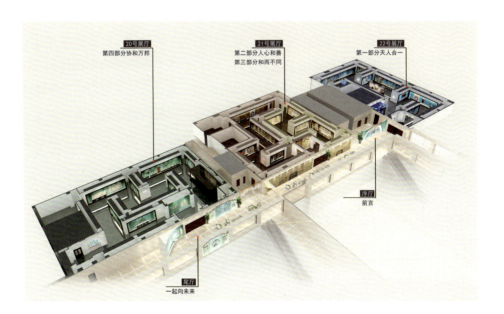

图3-22　展厅平面图、展线设计及空间布局图（组图）

以 21 号展厅展示"人心和善"和"和而不同"两部分；以 20 号展厅展示"协和万邦"部分（图 3-22）。

除展厅部分，还对展厅周围走廊进行合理规划利用，在 20 号展厅出口走廊位置规划出展览尾厅，设计互动、结语两个环节；通过走廊展示当代艺术，设计编钟击奏观众互动体验区等，以大量美观且生动有趣的设计将三个展厅连接成一体，实现展览规划设计的全面化、整体化（图 3-23）。

展览在布局上着力打造空间开阔、展线流畅、视觉舒适的参观环境。展线走向上遵循欣赏习惯，采用逆时针布局，单展线。本着疏密有致的原则，展览图片和图表、文字、知识链接尽量安排在柜内，与展品对应，重点文物的高清彩图多数安排在柜外展板上。辅助展品以文物复制品和艺术装置为主，结合展览实际需要加以选择利用，以反映和合文化。此外，高清视频播放和先进的数字化互动体验场景在三个展厅沿展线分区间排列。恰当利用展厅原有视频播放区、观众休息区、场景区，打造休闲互动空间。在开阔的展楼大厅保留了以《夏景山口待渡图》为背景的开幕现场，并从天花板下垂悬挂展览海报，四幅海报的背景连起来也是《夏景山口待渡图》的图案，此处成为观众的"打卡地"。在展厅扶梯两侧粘贴展览标识及重点文物图片；在展楼正门玻璃幕墙上，以《姑苏繁华图卷》为背景，展示展览的巨幅海报（图 3-24、图 3-25）。

（二）艺术审美　巧妙构思

在展览主展标设计中，"和合中国"四个字融合"中国红"元素，在构图上体现天圆地方的中华民族宇宙观（图 3-26）。在序厅中，将主展标通过光带设

图3-23　展厅走廊、尾厅及互动设计（组图）

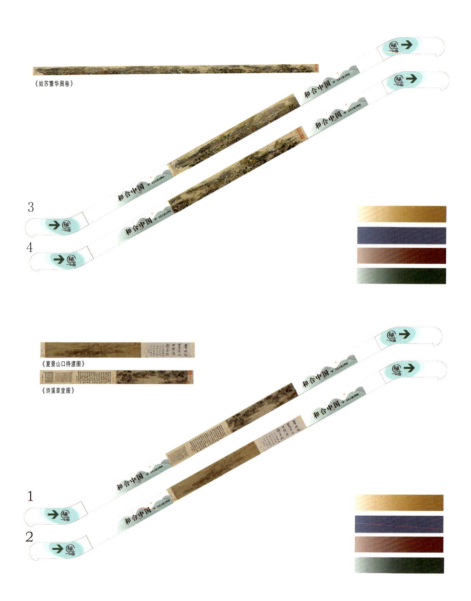

《姑苏繁华图卷》

《夏景山口待渡图》

《浒溪草堂图》

图3-24 展厅扶梯两侧设计（组图）

图3-25　海报设计（组图）

方正细圆简体变形

方正细圆简体变形

方正粗宋简体

图3-26　"和合中国"主展标设计稿

计成半圆形，同时巧妙利用光线与光洁如镜的地面瓷砖，呈现投影效果，即主展标实体半圆形光带与地面投影的半圆形光影共同组合为圆形，展现"和合"内涵（图3-27）。

展陈设计通过色彩、符号等手段达到气势恢宏、精巧多变、淡雅和合的总体艺术风格。色彩运用以天地人合为理念，依托天、地、水的传统思想，三个展厅运用三种颜色，具体为天蓝色、水绿色、土黄色，以此三种颜色象征蓝天、绿水和大地，色彩基调方面追求清新淡雅。通过颜色的运用，文图与背板融为一体，表现"和合中国"的主题（图3-28）。

巧妙运用色调和灯光相互作用的光影效果，避免了常见的阴郁灰冷的展厅格调，通过图文展板、精品柜陈列、多媒体互动展示等手段相互呼应，观众可以在自然过渡中拥有舒适的感官体验。整体造型装饰手法简洁大气，突出文物

图3-27　"和合中国"序
厅设计稿、定稿、效果图
及实景（组图）

图3-28　展览四个部分设计色

展品，在重点亮点部分上精心设计解读图文信息，形式和内容高度契合，在直观展示文物之美的同时，力求呈现极具艺术感染力的图文版面。

展览选择完全符合文物保护标准的灯具，合理控制展柜内照度与展柜外周围环境的照度关系，兼顾书画类文物保护要求和观展视觉感受。

第一展厅色彩为天蓝色，取自"天人合一"的主体理念，小序厅以古籍书卷阅读方式排版，古韵盎然；主体设计为圆形，表现"天圆"，也表现了人与自然和谐共生。在开端的展柜当中，由于表现史前时期人们对于宇宙的认知的展品多为器物类文物，如彩陶、玉器、青铜器等，因此在看板的内容设计方面采用了紧密结合展柜文物、"你中有我，我中有你"的融合式展陈设计，如实物展出虎形玉饰、玉猪龙、龟甲摇响器等，同时将其提取为设计元素，与内容融合形成标题性标示。同时，文物与看板内容遥相呼应，形成立体式讲述的展览语言，提升"认知自然"的层次高度。在第一展厅的第二单元，以取自中国园林的"花窗"为元素，将文人寄情的山水与其精神世界联系起来，讲述好"天人合一"的第二层次"谐和自然"的内涵。展厅原有布局中有一堵山墙，设计者将其巧妙运用，一面是放大喷绘的《夏景山口待渡图》，并利用投影将其中江上的小船打在画面上，增加视觉效果，而且斜对着展柜中的原作，观众可以对比观看；另一面则基于展品中的山水元素，做成半立体的装置。原来的设计稿是按照能够呈现真山真水的效果来提高山墙前面的延展性，景观有一定的气势，但会较大范围地占据展厅的面积，缩小了空间距离，也挤占了通道。后来策展团队改变了思路，采用凸出山墙的半立体山水纸板与实体小盆景相结合的方式，并在左右展柜的立面墙体上展现与诗词相配的山水画剪影，其和展厅山墙上的山水相呼应，营造展厅内的氛围感（图3-29）。

第二展厅有两个部分，内容分别为"人心和善""和而不同"，对应的是和合思想的道德观、社会观。展厅设计表达了人、社会、国家三个层次。其中第一部分环境颜色以竹色为主，以"人"作为展厅内容符号，展现"崇德向善　仁孝为本"的道德修养。花窗内根据每个文物组的内容还进行了切题设计，如

图3-29　展厅山墙的实景及设计稿（组图）

"仁和温良"组以竹喻人的品格高洁；"孝承家和"组以规矩纹暗喻家国规矩；"文以载道"组以毛笔和曲线表现文化的源远流长；"修身养性"组以古人修身的必需品来展示古人修身养性的重要性。

第二部分的"和而不同"，展厅环境色为土地之色，形状似房子，由融合了"家"的甲骨文而来，家与国是中华民族的永恒牵挂，与"和而不同"的社会观主题契合。花窗内以编钟表现"金声玉振"，以农耕田野表现"田园耕织"，以如意云纹贴合"吉祥如意"，以牡丹照月契合"花好月圆"，还从《姑苏繁华图卷》《清明上河图卷》中分别提取了楼塔拱桥表现"都市梦华"。可以说，这一部分从细节着手，从展览的内容主题、文物意境着手，达到了形式设计与内容完美契合的目的，使形式设计与内容设计完美融合（图3-30）。

这两个部分的展品中，各有一件重量级展品得到了数字化演示，一是第二部分宋徽宗的草书《千字文》，二是第三部分清代徐扬的《姑苏繁华图卷》。这两幅书画都是长卷，得益于辽宁省博物馆展厅里超长的展柜设计，两幅作品都可以全幅打开，让观众看得过瘾。对于展品与数字化展示如何配合，策展团队在展柜玻璃的上半部分贴膜遮挡，形成可以投影的长长的宽屏，投影播放作品的动态视频，与展品相得益彰（图3-31）。

在第三展厅，也是展览的第四部分"协和万邦"的形式设计方面也有其自身亮点。该部分内容位于辽宁省博物馆三楼的20号展厅。在展厅的色彩艺术效果方面，参照天、地、人、水的四种生态要素，选取了湖水绿作为主色，辅以水波纹的色彩环境（图3-32）。水，是生命之源，也是海洋，通过色彩与辅助纹饰图案表现了中国与世界各国共住地球村、一衣带水的情感，表达出中华民族朴素的世界观与天下观。在个别展柜中，还将玻璃贴纸附于展柜玻璃之上，使展柜内的看板、文物与柜外贴纸遥相呼应而成为立体画卷。

该展厅入口处有一面较大的墙和互动空间。为了不改变原有展厅格局，减少不必要的工程开销，秉承合理、有效、优秀、互动、开放、灵活的设计要求和理念，

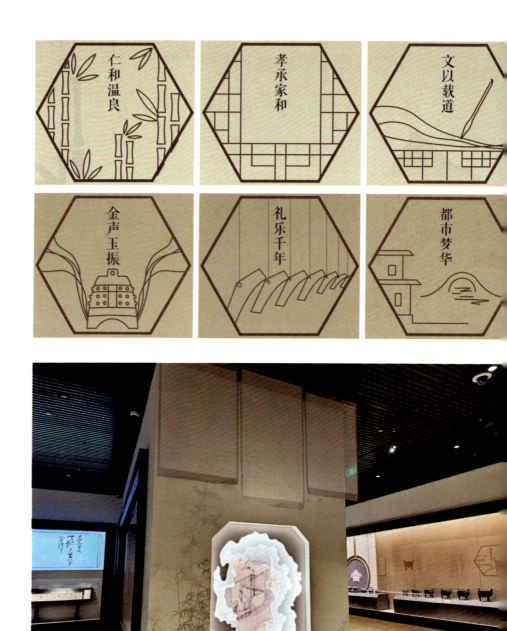

图3-30　第二展厅设计稿及实景（组图）

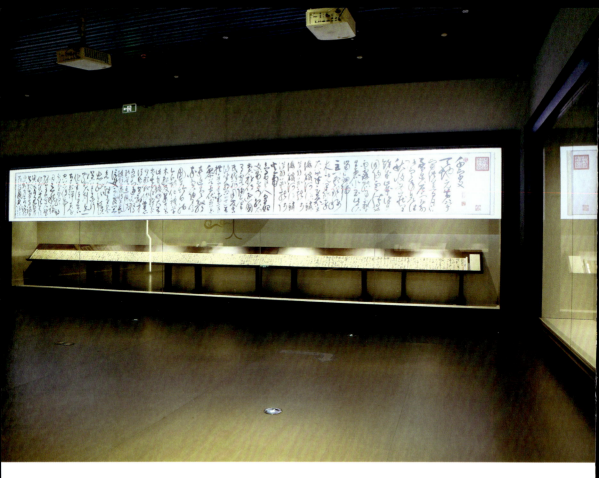

图3-31　北宋徽宗草书《千字文》及其数字化展示

在展厅入口的墙壁上结合展厅内容主题，喷涂"张骞凿空"壁画，起到紧扣主题、领跑内容的作用。

三个展厅的巨大展览空间和400余件精美文物，构成了辽宁省博物馆2022年乃至近年来最大规模的现象级大展。策展团队在展览筹备、施工及多媒体安装、调试等方面不断打磨、提升，最终达到了如今的呈现效果。

展览的形式设计，是用色彩、空间、光影、多媒体声效等多种形式为观众营造观展环境、形象生动地呈现展览及文物背后的文化内涵的一种展示语言，与展览内容设计形成互相依存、完美配合的工作关系，是展览最终呈现完美效果的关键一环。

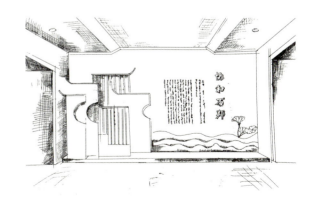

图3-32　第三展厅小序厅实景及设计稿（组图）

（三）数字技术　锦上添花

除展厅色彩、展示符号的艺术效果应用，本展览也利用多媒体打造了沉浸式体验。打造舒适愉悦的数字体验，采用视频、投影、AR 等数字化手段，融合实体与虚拟环境，创新"和合中国"展览的展览方式。如在第一展厅的互动区打造了沉浸式体验，以古人对宇宙的认知，结合馆藏的四神二十八星宿纹铜镜的纹饰，构建了"四神二十八星宿"数字成像区（图 3-33），利用原有放映厅的墙面及地面，形成了多个维度的沉浸式空间，并利用天花板下垂发光的球体，全方位演示四神与二十八星宿的关系。在展厅中部，一幅大型的动态投影《子方扁舟傲睨图》表现了古人畅游天地云水之间的自在与天地融汇的感觉，同时采用数字化技术，根据史料将原画未显现的船尾展现出来，让近千年来掩藏在山石后面的小船露出全貌。在展厅里观众可以看到，小船随着水波在电子屏幕中荡漾，被遮挡住的那部分船体也徐徐出现，直至整条小船完整地出现在画面中（图 3-34）。展厅后部以元代王蒙的《太白山图卷》为内容做数字体验展示区，观众可以坐在专门开辟的冥想空间中，静观太白山一年四季的风景变换，感受太白山白昼与黑夜的交替。近听悠扬曲乐，远看白鹭翱翔，观众可用另外一种方式感悟和合之美，体会"仰望星空、万物从容"。这一体验区实现了让文物"活"起来，让观众在感受文物之美的同时，把历史、文化留在记忆里（图 3-35）。

在第二展厅，基于对宋徽宗草书《千字文》这幅作品的书法行笔的研究成果，制作了动态投影，以墨为龙，行云流水地书写而成《千字文》，让笔墨行书"活"起来（图 3-36）。在展厅尾部，巨幅绘画作品《清明上河图卷》《姑苏繁华图卷》经过动态处理后，长卷绘画中的人物被赋予了生命，城里的市井繁荣、城外的漕运码头等引领着观众走进画中（图 3-37）。

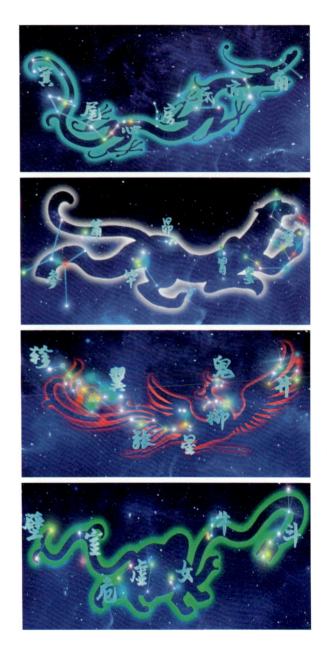

图3-33 "四神二十八星宿" 数字成像（组图）

图3-34　《子方扁舟傲睨图》动态投影

图3-35　以《太白山图卷》为背景的冥想空间（组图）

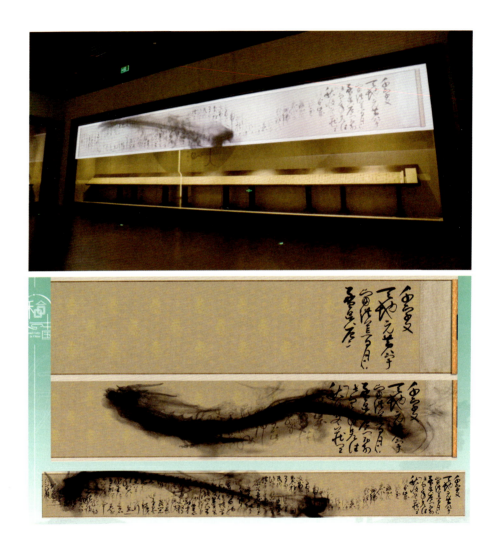

图3-36　《千字文》的动态展示

图3-37 《姑苏繁华图卷》的动态展示

　　在第三展厅入门的互动空间悬挂丝绸之路地名牌，并在墙壁上悬挂轨道、触摸屏，制作成有音、有像，能讲、能互动的移动滑轨屏，从辽宁朝阳至意大利罗马，以丝绸之路上有名的几个城市为基点，并介绍每个城市与丝绸之路有关的历史名胜及文物，使其内容与展览紧密结合，既为展览补充内容，又为展览与观众之间搭建桥梁，使展览能看、能玩、能读。此外，在展厅中部有素墙两面，结合内容做了纹饰投影，极具装饰性（图3-38）。

　　在展厅尾部，即展览"协和万邦"的第二部分"美成在久"，为了更好地为观众提供参与空间，将馆藏的缂丝《山茶蛱蝶图》《牡丹图》等制成动态投影，表现花朵纹样缂丝的惟妙惟肖，也为观众拍照打卡营造艺术空间。在投影的下方还设置了六组方框，框内镶嵌的是刺绣、缂丝及绸缎等实物，观众可通过触摸，亲身感受这些丝织品的质地（图3-39）。

　　辽宁省博物馆为"和合中国"展览设计制作了VR虚拟展厅，观众可通过辽宁省博物馆官网、微信平台访问浏览。采用虚拟现实技术将3000余平方米展厅的展品、场景真实复原，实现实景漫游、自动导览、视听导览、地图导航，使观众足不出户就可以通过互联网获得身临其境的观展体验。充分利用现代化数字技术手段展示"和合中国"展览盛况，通过3D模型、趣味动画等多种呈现方式让文物"活"起来，使得观众沉浸式、立体式地感知文物、感受历史，全方位领略文物在当下的魅力（图3-40）。

图3-38 丝绸之路滑轨屏实景（上）

图3-39 《山茶蛱蝶图》《牡丹图》动态投影实景（下）

图3-40　"和合中国"VR线上展示及AR智能导览（组图）

（四）布展施工　安全高标

"和合中国"展览设计施工工程由具备装饰工程设计专项甲级资质及博物馆陈列展览施工单位资质的公司负责，场内、场外施工同步进行，材料环保，制作精细。采用书画文物专用展柜，量身定做展台、托架。展墙全部使用 E1 级高密度板，饰面材料采用防火高精度户外写真、环保墙纸。严格按照《安全防范工程技术规范》（GB 50348—2004）、《文物系统博物馆风险等级和安全防护级别的规定》（GA 27—2002）、《博物馆和文物保护单位安全防范系统要求》（GB/T 16571—2012）等标准要求设计施工。

（五）精心打造　最佳呈现

博物馆的展览是为观众打造的文化产品，因此观众的体验感才是衡量一个展览形式设计与布展工程好与坏的现实标准。"和合中国"展览的一位观众曾对此进行评价："满满的细节，喜欢辽宁省博物馆的布展。"那么从布展的角度看辽宁省博物馆的"和合中国"展览，都有哪些让观众满意的细节呢？

五代董源的《夏口山景待渡图》是观众最喜欢的山水画之一，隔着展柜，观众离画面有一定的距离，展柜的玻璃还会反射灯光，导致一些细节模糊不清。因此在布展时，策展团队利用展柜近处的展墙进行喷绘，与原作呼应，让观众能清楚看到所有细节。江水之上的小舟被放大，以投影的方式呈现，观众甚至可以看见舟上摇桨之人、乘舟之人，这在原画面上是看不清的；还有岸上等候的红衣人，他的衣冠都被放大的图板清晰呈现（图 3-41）。

"兰亭叙"部分展出了湖南博物院的黄绢本《兰亭序》（这是唐代早期临本，

图3-41 《夏景山口待渡图》效果实景

且只借展一个月），《开皇刻兰亭诗序卷》（最早的拓本），祝允明书、文徵明补图《兰亭集序图卷》等，但还有诸多版本无法展出，因此展板介绍了五种《兰亭序》版本（定武吴炳本、定武故宫博物院藏本、冯承素临本、褚遂良临本、虞世南临本），给予观众全面的知识普及。

在文物知识方面，还有对鼎、钟等礼乐制度的解读，根据天子、诸侯、大夫、士不同等级对应不同的规模，列出详细释义图；同时在展现文物细节方面，将表现周礼的《诗经·周颂·清庙之什》放大喷绘在展墙上，还在展墙前面放置了可以敲击的编钟模型，观众在互动之余也增加了对礼乐的认知。

这次展览利用了相连的三个展厅，走廊面积较大，有 1187 平方米，在空间利用上也体现了众多细节。前言、尾厅、留言板、结语各具特色，序厅及过渡空间有从天花板垂下的幕布装饰；展厅连接处用垂幕制造出重重宫殿屋檐的剪影，并在正

图3-42 走廊设计效果图及实景（组图）

中间悬垂"和合中国"展览展标；在墙壁上展示了放大喷绘的展品细节；走廊地面则摆放了白鑫、刘新泉、魏航等创作的"山水清音"装置艺术品。该艺术品撷取了本次展览中中国古代山水、花鸟、书法作品的元素，对其进行解构、拼贴，以自然山水中的石头造型、苔藓为载体，试图使观众游于自然之中，领略人文之美，营造"山水有清音"的"天人合一"意境，与展厅内的书画展品相呼应（图3-42）。

　　数字化展示是最吸引观众的布展手段之一，但要充分考虑展线的布局，不能过于集中。三个展厅共有七处数字化展示，分布在展厅的头部、尾部和中间，与展览主题及展品巧妙结合。把元代王蒙的《太白山图卷》局部做成视频，展现一年四季的景色，给观众提供冥想体验的空间；11.72 米长的宋徽宗赵佶草书《千字文》，在展品上方投影放大显示，气势磅礴；徐扬的《姑苏繁华图卷》在展柜内仅展示了局部，观众可观赏其细节，但展品上方呈现了全画视频，动静结合，满足了观众多方面的需求。

四、知行合一：展览的完美呈现

（一）策展的难题与解答

作为中华优秀传统文化的重要内核，和合文化在中国源远流长。为充分发挥博物馆在弘扬中华优秀传统文化和培育社会主义核心价值观中的作用，使文物保护成果更多惠及人民群众，辽宁省博物馆举办了"和合中国"展览，使之成为迎接党的二十大胜利召开的重要活动。

策展的难点在于"和合"是比较抽象的概念，同时也是内涵广泛、博大精深的思想体系。博物馆的展览主要是通过展品进行呈现和表达，因此，重点在于如何用有形的文物展现无形的和合文化，以及从哪些方面入手，才能使观众在"和合中国"展览中领略"一眼千年"的文物之美，体悟策展团队对"和合"层层递进的解读与展示。

展览的题目是整个展览的"眼"和灵魂，对展览题目的确定不仅是展览思维不断拓展的过程，也是展览的起点。在策展之初，本着以文物之美体现主题的思路，题目最初定为"和合·美美"或"和合之美"，三个展厅初分为三个部分，即"道法自然""天人合一""和合能谐"。下面是整体思路与大纲，从中可以看出策展的历程与策展团队对展览的思考，其中有些单元及说明文字在最终的"和合中国"展览中沿用了。

第一部分"道法自然"，下设三个单元。

第一单元，依类象形　文字之美。中国文字起源于象形符号，"六书"造字升华了象形文字的抽象表达。甲骨竹简，写尽风雨沧桑；金石可镂，镌刻文明密码。汉字之美，蕴含着线条章法与形体结构之美，独树一帜的方块字，在方寸之间和谐共生，构建起中华民族文化认同的根基。

第二单元，和合一体　章服之美。《春秋左传正义》："中国有礼仪之大故称夏，有服章之美谓之华。"服饰是社会文化的产物，在其形成过程中，围绕君权神授、吉祥瑞应、君子德行、神物威仪等方面，与当时的和合思想有着千丝万缕的联系，并在形制、款式、色彩和纹样等方面形成了具有独特民族个性的文化现象。古人服饰的审美观来自古人对自然界的深刻观察和模拟创造，体现在服装纹样与自然界景物的相生相谐上，它是对自然界事物的抽象与升华，并加入了人文的观念与内心深处的思想与信仰。

第三单元，礼序乐和　礼仪之美。《礼记·乐记》："乐者，天地之和也；礼者，天地之序也。和，故百物皆化；序，故群物皆别。""礼乐"是中国古代文明的重要组成部分。商周时期确立了礼乐制度，礼乐文化为中国成为礼仪之邦奠定了基础。礼乐文明与人的社会化、艺术化生活息息相关。礼乐文化在中华文明史上创造了人类的辉煌。

第二部分"天人合一"，下设三个单元。

第一单元，敬天畏地　自然之美。《易·系辞传》："仰则观象于天，俯则观法于地，观鸟兽之文与地之宜。"人类的生存依赖于自然，先民们敬畏天地万物，艺术来源于生活，星空、草木、动物、流水、高山，幻化成多姿多彩的艺术创作，体现了人与自然的和谐。

第二单元，乐山乐水　怡然之美。作为自然的产物，人和自然是一体的。自然万物应该和谐共处，与大自然对话，与大自然相谐，以大自然作比，实现天时地利人和、天人合一，是一种超脱的时尚，是一个洁身自好的境界。这一部分展示自然对中国人精神世界的影响，让传统文化别开生面，也让中国故事历久弥新。

第三单元，知行合一　精神之美。中华文化一贯讲求知行合一、经世致用，从"周虽旧邦，其命维新"到"天行健，君子以自强不息"，从"修身、齐家、治国、平天下"到"为天地立心，为生民立命，为往圣继绝学，为万世开太平"，中国人在探索提高自我修养，探索人与人、人与社会的和谐中，形成了独特的世界观与价值观。

第三部分"和合能谐"，下设三个单元。

第一单元，交流互鉴　和而不同。文明因交流而多彩，文化因互鉴而丰富。文明交流互鉴，是推动人类文明进步和世界和平发展的重要动力。中华民族曾经谱写了万里驼铃万里波的浩浩丝路长歌，也曾经创造了万国衣冠会长安的盛唐气象。中华文明在兼容并蓄中不断衍生发展。

第二单元，民惟邦本　和合共生。中国历史上的物阜民丰和文化的集大成，都体现在诗篇散文游记中，山河入画、小品入景、生活怡情，文化的雄壮豪迈、气象万千，生活的闲适淡雅、宁静飘逸，各不相同。这一部分用以反映文化与生活的相融相合。

第三单元，和谐悠远　与古为新。中华民族创造了源远流长的中华文化，和谐主题一以贯之，一脉相承的精神追求、精神特质、精神脉络，更在新时代的发展语境中赋予中华优秀传统文化新的时代内涵、表现形式和生命活力。

以上三个部分，先通过文字之美、章服之美、礼仪之美、自然之美、怡然之美、精神之美表达和合的美美与共，再与时代精神相契合，实现升华。在这一初稿的基础上，策展团队不断打磨，最终呈现出以"四个观"做四个大部分的展览。

（二）团队的组建及推进

策展团队带头人刘宁，二级研究员，同时又是业务副馆长、"和合中国"展览的内容设计负责人，负责明确展览选题策划的背景、目标，确定核心策展思路、展览的框架结构与展陈设计理念，撰写展览各部分及单元的说明，并负责大纲及展览图录的统稿。

策展团队由么乃亮、王忠华、马卉、张盈袖、都惜青、袁芳组成。他们是辽宁省博物馆学术研究部负责人及业务人员，其中一人为博士研究生，其余五人为硕士研究生，且均负责举办过不同题材的原创展览。在本次"和合中国"展览中协助完成内容设计、图录编写、文物点交、布撤展、宣传讲解等工作（图 3-43）。

策展团队的组建是一切工作的起点，其工作的过程也是展览逐渐成熟并走向完善的过程。2022 年 3 月，辽宁省博物馆确定做以和合中国为主题的展览后，展览题目经由"和和·美美""和合之美"等，最终确定为"和合中国"，并以此为题形成展览大纲上报国家文物局。2022 年 5 月，接到国家文物局关于同意作为"和合中国"展览联合主办单位的函后，开始组建团队，明确分工，按部就班推进展览。策展团队组建了众多的工作群，线上通报、线下交流，以项目制赋能，并不定期且多次召开相关会议。围绕展览召开的大大小小的会议几不可数，无数次的探讨、碰撞成就了盛大的展览。

图3-43　策展团队布展时在主展标前走过

（三）专家的论证与指导

　　展览的成功离不开专家的指导。为切实做好"和合中国"展览策划工作，进一步完善展览大纲和形式设计方案，2022 年 7 月 18 日，在辽宁省博物馆举办了专家论证会，会议邀请了业内权威专家辽宁省政协文化和文史委员会原主任张凤羽、南京博物馆原院长龚良、江苏省美术馆原副馆长陈同乐、沈阳市政协文史馆馆长初国卿出席参与论证。与会专家听取了项目介绍和展览大纲、形式设计初步方案汇报，就展览主题、展览框架、文物组合、形式设计等方面进行了充分论证。

　　与会专家认为，"和"文化主题文物展主题宏大，内涵丰富，展览框架整体上具有可行性。但建议进一步重视展览的指导思想，将习近平总书记相关论述和指示精神融入展览，深入挖掘文物的历史文化内涵与思想。此外，建议展览内容做减法，重视文物组合，从"和合"和"中国"两个方面切入，进一步明确概念和内涵。形式设计要量身定制，重视空间利用，营造"和"的空间和"雅"的环境，展厅要充分利用外部环境，重视观众互动场景的设置。在文物解读方面重视故事化讲述，既要突出明星级展品，又要注重普通展品的组合优化。

　　策展团队认真领会吸取专家意见，及时对展览大纲与形式设计初步方案进行了调整与深化，做到知行合一、尽善尽美，力求策划出业内外广泛认可的展览，为广大观众奉献出优质的文化产品。

　　除了专家宏观的指导外，展览的文字也至关重要，为此，在展览的前言、结语基本成型后，王筱雯馆长亲自和王充闾先生联系，将展览的前言、结语、展览图录的序和后记、大纲简稿及展览方案发给王充闾先生审阅。王先生对书稿做了仔细的修改，留下了宝贵的意见，展览里的金句如"古意盎然""彬蔚称盛""猗欤盛矣，大哉和合"都体现了他的斐然文采，结语里的画龙点睛之笔更是比比皆是。此处将王充闾先生对展览结语的文字修改节录如下。

原文：

　　　　江流万里，绵延不绝的"和"文化涵养了巍巍中华。
　　　　如山林间的雾霭流岚，浸润无声；如都市里的人间烟火，穿越历史，
　　　连接着一个民族的过去、现在和未来。

修改：

　　泽被神州，江流万里。自古迄今绵延不绝的"和"文化涵养了巍巍中华。

　　如山林间的静霭流岚，浸润无声；如都市里的人间烟火，情温意暖。和合精神穿越时空，连接着一个伟大民族的过去、现在和未来。

下面是王充闾先生给王筱雯馆长的回信，录文于此，以示谢忱。

筱雯同志：

　　您交给我一件虽不繁重却很艰难的事。作为外行，面对博物馆的诸多行家，我实在有点诚惶诚恐，不敢贸然动笔。但既承青盼，却之不恭，只好勉为其难。

　　遵嘱，我认真地阅读了发来的所有文字，照您的吩咐，重点放在"前言""结语"上。总的感觉，几份文稿写得很好，内容充实，用词严谨、简练。我所能做的只是做点润色、加工，还唯恐弄巧成拙，甚或"佛头着粪"。只供参考吧。

　　"前言"中我加的"四观"（天人合一的宇宙观，协和万邦的国际观，和而不同的社会观，人心和善的道德观），是习近平总书记于2014年提出来的。

　　文中凡我新加的，都以红字标出。好在有原稿在，如觉得不妥的即可改回。

　　祝颂展览成功！

王充闾即日

（四）展览的维护与保障

为保证"和合中国"展览展品展出期间的安全，辽宁省博物馆采取了一系列的预防措施和应对措施。

布展前，完成了展厅及展柜内的温湿度调试，以对外界环境比较敏感的书画类文物展出适宜为目标进行调试，反复确定能够达到书画类文物的展出条件。

布展期间，对器物展台进行初步检查，确定能够满足器物类展品的展出要求，并对体型较大、重量较大和不适宜直接放置于展台上的展品采取了支撑、固定等保护措施。

展出期间，策展团队成员、保卫人员、文保人员进行日常巡视，多人次多角度观察文物状况，一旦发现问题立即上报。

文保人员每天去展厅检测温湿度，检查文物状况，密切观察有机文物是否出现皮蠹、书虫等活体害虫及新发霉菌情况，同时记录展柜内部温湿度和文物展陈品相，发现情况及时联系物业机组操作人员进行调整，并随时做好展品撤换及杀虫灭菌工作，做到发现异常，立即上报，立即解决。对于对温湿度要求截然相反、但放置在同一展柜的书画类展品和器物类展品时刻保持密切关注。按照预防性保护的要求，书画类展品展期不宜过长，采取轮休轮换的办法保护文物。

展品巡查安排方面，后勤保障部恒温恒湿机值机人员每六小时记录一次机组送风口与回风口情况，并巡视展厅文物，数值明显波动时及时上报部室并妥善处理。保卫人员在馆内展厅巡视期间随时关注展品状况，尤其关注纸质类文物原有折痕、起翘等情况是否加重，若有及时上报。

（五）风险的防范与应急

辽宁省博物馆是国家和地方共建国家级博物馆，是对外开放的大型公共文化场所，是一级风险文物单位。为切实做好"和合中国"展览装修改造、文物布展、展览开幕式、展览开放、文物撤展期间的安全防范工作，依照"安全第一、预防为主"的方针，结合展览实际情况，制定了安全防范应急预案。

在组织机构与分工方面，在上级公安机关和辽宁省博物馆领导班子共同领导下，成立辽宁省博物馆"和合中国"展览安全防范工作领导小组，组织实施展览各阶段的安全防范工作。组长由馆长担任，副组长由馆领导班子成员组成，成员由主要策展部门如学术研究部、文物保护部、党政群工作部、安全保卫部、后勤保障部的负责人组成。组长为第一责任人，负责展览筹备、装修施工、布展、开放、撤展期间的总指挥、总协调；副组长按照工作分工，向组长负责；成员按照各岗位相关职能开展工作，向分管副组长负责。

本次展览地点在展览区三层 20 号、21 号、22 号展厅及三个展厅之间的部分公共走廊，展览出入口各安排一名安全管理员定岗执行任务，负责出入口观众秩序维护与突发事件的快速响应及处置。20 号、21 号、22 号展厅内各设置四个安全巡视岗（六人轮换），展厅开放期间负责展厅安全巡视、展品安全防护区、展厅突发事件快速响应及处置。在三层展览区公共走廊安排安保人员四人，两人一组，不间断进行安全巡视，负责公共走廊秩序维护和突发事件的快速响应及处置。展览区入口设有安全检查区，设置安检门、X 射线安全检测仪、液体检测仪，配置专职安检员八人（两套安检系统），负责进入场馆人员的安全检查工作。展览区出口安排安保人员定岗值守，负责出口安全管理、观众的疏导、突发事件的快速响应及处置。展馆外围安排安保巡查人员，负责全馆范围内的安全巡查与突发事件的快速响应及处置。机动车停车场安排两名安保人员定岗值守，负责各类机动车的出入、停放与安全检查工作。安防报警监控中心安排专职值机人员全天不间断值守，负责对安全报警系统、门禁控制系统、视频监控系统进行密切监控和操作，并对各系统信息进行相应处理。消防报警监控中心安排专职值机人员全天不间断值守，负责密切监控消防报警主机运行情况，并对接收信息进行相应处理。

对参加安全防范工作的全体人员进行严格审查，确保其政治上、思想上安全可靠，工作中认真负责、坚守岗位、听从指挥，不得擅离职守。对安全保卫人员实行"三定"，即定人员、定岗位、定任务，确保展览各阶段工作安全有序。

本次展览装修改造工程工期紧、工作量大，施工过程严格执行了安全生产工作制度与消防安全制度。文物布展期间严格履行证件管理制度、出入人员登记制度、展厅定时开关工作制度、智能钥匙领用管理制度等相关规章制度，确保文物布展期间的安全。

展览开放期间，坚持技防、物防、人防相结合的工作方式，加强对展厅内的安全防范。在技防措施上，展厅各展柜均安装红外线报警器，展厅内部安装彩色定焦摄像机与高速快球摄像机，实现报警联动，可将报警信息即时传送到安防报警监控中心。实行限流措施，利用人员容量系统的强大计数功能，科学设定人流上限，人流达到上限立即预报警，中心人员立即通过对讲系统报告展厅安全管理员，安全管理员采用软隔离的方式限流，观众暂时只出不进，待展厅内观众数量降至合理区间值内，解除限流。如果展览期间观众数量太多，将采取特别管制措施，即封闭展览出入口，同时开辟"和合中国"展览特别通道。在展览入口处设置两名专职安保人员维持观众秩序，每次放行观众50人，由展览讲解员带入展厅参观，每隔10分钟放行一次，这样做既保证了展览参观秩序和文物安全，同时也为观众提供了较好的观展体验。

为确保"和合中国"展览安全防范工作万无一失，在落实安全防范工作的各个环节上严密细致地做好组织工作，全体安保人员既要在展览各阶段工作中文明周到、保障有力，又要加强针对应急预案的培训、演练，确保辽宁省博物馆的绝对安全。

五、跨界融合：展览的广泛宣传

"和合中国"展览在筹备之初就将充分利用互联网新媒体展现中华优秀传统文化的博大精深和辽宁文化资源的深厚底蕴作为主要目标，深度挖掘展览内涵，努力实现各类文物的活化利用，不断推动博物馆展览的高质量融合传播，向观众传达展览所反映的中华民族以和合为美、尚和合、求大同的中国智慧。同时借助"和合中国"展览的成功举办，适时强化与《辽宁日报》和辽宁广播电视台的合作，深度聚焦展览内涵和参展文物。一方面，邀请媒体走进博物馆采访策展人、录制系列节目，并积极参与到内容策划、制作宣发的过程中，形成矩阵效应；另一方面，将新媒体的模式和思路贯穿宣传工作的全过程，打造具有辽宁省博物馆特色的融合传播案例，探索构建辽宁省博物馆媒介形象的新途径。

（一）主动做好准备，开展即掀起宣传热潮

"和合中国"展览从筹备之初，策展团队就着手制定详细的宣传方案，明确宣

图3-44　展览宣传海报

传内容和有关议题，设计制作展览海报、宣传片、标语等，并邀请媒体代表到馆座谈，向他们介绍展览的筹备情况、单元内容和精彩看点，为展览预热宣传做好准备。

仅仅在展览海报一项上，"和合中国"展览便设计制作了17款样式精美的海报，17款海报被分别投放于线上、线下各大媒体与地铁、商业街区，对展览进行全方位宣传（图3-44）。

为了方便广大观众通过媒体报道及时了解此次展览的相关信息，在开展前一天，邀请人民网、新华社、中国新闻社、辽宁广播电视台，以及《光明日报》《辽宁日报》《沈阳日报》等20多家媒体的30多名记者走进展厅，实地探访"和合中国"展览的布展情况，并由策展团队现场讲解，第一时间让记者了解展览、理解展览。

在积极开展对内对外和线上线下宣传，大众媒体与网络媒体争相报道的同时，充分利用互联网新媒体对展览进行立体宣传，借助创新手段着重体现中华优秀传统文化的博大精深和辽宁文化资源的深厚底蕴。作为辽宁省博物馆史上规模最大的特展，"和合中国"展览获得了社会各界的广泛关注，参观人数屡创新高，各级领导对展览给予高度评价，取得了良好的宣传效果。

"和合中国"展览开展即掀起了媒体报道的热潮，据不完全统计，在开展不到一周的时间里，报道就多达 50 余篇，开展前后各类宣传报道总计达 403 篇，报道媒体数量近百家，网络转载千余次。宣传服务在取得实效的基础上，也呈现出诸多特色亮点。

2022 年 10 月 8 日，央视新闻客户端推出《探辽宁省博物馆"和合中国"特展赏文物之美》的直播报道；10 月 8 日，《光明日报》微信公众号也推出《"和合中国"展在辽宁省博物馆开幕》的直播报道；10 月 9 日，《辽宁日报》第八版整版刊发了辽宁省博物馆"和合中国"展览的相关报道；10 月 12 日，新华社客户端推出《先睹为快 88 件一级文物在辽展出》的直播报道。此后各路关于展览的报道全面铺开。

（二）提供传播种子，形成融媒体宣传矩阵

"和合中国"展览系列宣传始于 2022 年 10 月，终于 2023 年 2 月，在四个月的时间里共推出了十大主题策划，实现了多主题、立体化宣传。宣传形式包括系列短视频、广播电视节目、音视频、宣传片、直播、微电影，以及 VR 展览等线上服务，十大主题宣传策划如下（图 3-45）。

图3-45　十大主题宣传策划（部分）（组图）

（1）《"动"见奇珍》。与辽宁卫视、《辽宁日报》北国客户端共同推出系列短视频，共四期，请知名主持人刘心悦到展厅，现场拍摄加后期制作，生动呈现了"和合中国"展览所展示的珍贵文物，让文物"开口"讲故事。

（2）《惊艳时光！辽宁传世国宝尽显和合之美！》短片，由《辽宁日报》北国客户端推出，画面唯美、解读精湛。

（3）《一眼千年》。与辽宁广播电视台北斗融媒共同推出的系列短视频，共三期，力求将千年文物之美融于无形的网络。

（4）《"和合中国"问答记》（又名《历史咖咖答》）。与《辽宁日报》北国客户端共同推出的系列短视频，共八期，通过主持人与策展人的问答，向公众介绍与展览有关的小知识。

（5）《共话历史》。辽宁省博物馆录制推出的系列视频，共十期。每期由志愿者带领大家走进展厅，为观众讲解十件精品文物。

（6）《主播带您看大展》。与辽宁广播电视台教育·青少频道共同推出，共七期。针对未成年人，每期为他们讲解一件有趣的文物，或结合历史背景向他们介绍一个知识点。

（7）展览宣传片。由辽宁省公共文化服务中心和辽宁省博物馆共同推出，共七期。其中，一期介绍布展进程及展览概况，一期展现观展热潮，一期以动画和文物相结合的方式向公众介绍展品看点，其余四期为分单元的实景呈现和主题解读。

（8）VR线上展览。"和合中国"展览线上展览，让观众足不出户"云"赏大展。

（9）主题微电影。由辽宁省博物馆策划推出《奇妙的"和合"之旅》微电影，拍摄前期会对儿童演员进行特色指导，剧本创作和后期拍摄制作完成后，在优酷及馆内剧场播放展示。

（10）夜场活动。举办"和合中国"主题晚会，借助创新的数字化展示手段带给观众不一样的参观体验，并在展览闭幕这一特殊的时间节点邀请媒体及"网络大V"参加夜场活动，并录制推出晚会视频。

十大主题宣传策划项目主要通过《辽宁日报》和辽宁广播电视台等旗下新媒体账号，辽宁省博物馆官方网站，辽宁省博物馆微信公众号、视频号及微博、抖音、快手等平台的官方账号推出。根据统计，"和合中国"展览系列宣传项目总阅读量约 174424 人次，短视频播放量约 92485 人次，直播观看达约 2.12 万人次，点赞次数累计 7.35 万人次。以上数据能够证明"和合中国"展览系列宣传卓有成效。

从社会效益、影响力、传播力方面来看，"和合中国"展览系列宣传创造性、全方位地展示了和合文化的精髓与精彩，激发了中华优秀传统文化在新时代的生命力。展览在海内外、文化界及社会各层面产生了热烈反响，相关内容受到《人民日报》《辽宁日报》，以及央视新闻、辽宁广播电视台等主流媒体的关注，媒体和平台转载超过百次。展览持续受到"学习强国"的关注，平台首页专题推介。在第 29 期"中博热搜榜"中，"和合中国"展览荣登"十大热搜展览"第二位，微博相关话题阅读量达 443.1 万人次。"和合中国"展览系列融媒体传播入选 2023 年中华文物新媒体传播精品推介项目入围名单。

（三）利用社交平台，不断提升社会关注度

在社交平台定期发布展览亮点解读、重点展品揭秘，提升展览的话题性和关注度，先后发表了百余条推介消息，展示展览举办盛况及和合文化的内涵。其中，由新华社主持的微博话题"88 件一级文物在辽博展出"阅读量达 101.8 万人次；辽宁省博物馆自建微博话题"和合中国"阅读次数达 340 万人次，讨论数千余次，成功地将观众与展览联结在一起。

开展后，大批热情观众前来辽宁省博物馆"打卡"，"和合中国"展览也"刷屏"了许多人的朋友圈。在微信、微博、小红书等平台，大家纷纷转发、评论、

点赞。由辽宁省博物馆微博账号发布的首条有关"和合中国"展览的微博推送，单条阅读量达 18.7 万人次。国家文物局、山西博物院、湖南博物院、陕西历史博物馆、吉林省博物院、河南省文物考古研究院等多家文博机构也通过微博与辽宁省博物馆互动，助力"和合中国"宣传。

（四）创新宣传手段，推动线上线下相融合

"和合中国"展览以数字赋能，注重运用 VR 全景展示、直播、短视频等创新手段开展立体宣传。2022 年 11 月中下旬，通过辽宁省博物馆官网、辽宁省博物馆微信公众号推出"和合中国"VR 数字展厅，让观众足不出户在电脑端、手机端即可"云"享展览。12 月上旬开通微信视频号，围绕展览推出了多个优质短视频，并于 2023 年春节前后推出了四场直播讲座，观看人数约 2.12 万人，点赞次数约 7.35 万次。

为了进一步拓展宣传渠道，更好地向公众展示辽宁丰富的精品文物资源，展览宣传团队加大了户外媒体屏、户外条幅海报、中心公共服务场馆等处的宣传材料投放力度。特别是在城市主干道和商业区利用大屏幕滚动播放"和合中国"展览宣传片及海报，不仅"吸睛"，也为城市增添了一道亮丽的文化景观，有助于塑造和提升辽宁文化形象（图 3-46）。

展览宣传团队重视公众的观展体验，在宣传中全方位体现展览特色，突出文物、展陈亮点，打造"网红"文创、打卡地等。2023 年春节期间，通过辽宁省博物馆微博官方账号推出线上线下互动活动——"和合中国"新春特别活动，受到了观众的喜爱和欢迎，线上阅读量达 5.64 万人次，线下参与人数超过百人，累计发放奖品 70 份。

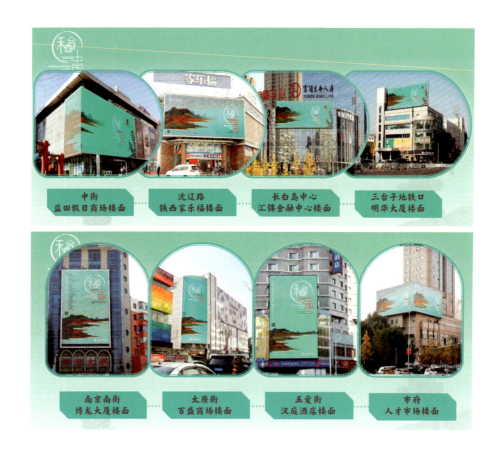

图3-46　沈阳城市主干道和商业区大屏幕播放的展览宣传片及海报

（五）专家讲座及评价，提升展览的深度与广度

在提升展览广度上，展览宣传团队一方面从内容上深挖各类文物资源，全力冲击"热搜"展览榜，携手优质媒体共同为展览的融合传播注入能量；另一方面提高了宣传材料投放力度和频率，在宣传周期和时间节点的选择上，突破了以往宣传随着展览走的单一模式，做到了开展前话题预热，向公众发布下一阶段展览计划。展览期间，特邀馆内外专家为公众解读展览，王充闾、吴振武、荣新江、扬之水等知名学者登上"辽宁省博物馆讲堂"，在线为大家解读"和合中国"展览背后的文化意义，四场系列讲座，线上共计 32923 人参加；携手《辽宁日报》等优质媒体，采访龚良、张颐武等有关专家，深度探讨文物中的"和合"问题，让展览既有"热度"又有"深度"。专家的评论是对中国传统哲学思想的传播深度、广度的最好评估方式之一。在后期宣传过程中，做好夜场活动和主题晚会的宣传，及时发布网络预约信息、展览倒计时信息，让观众及时了解相关资讯，引导观众在展厅之外理解"和合中国"这一展览主题，力求精彩不落幕。

六、美美与共：展览的公共服务

"和善待人""以和为贵""和而不同""和谐共生"等已经成为人们熟知和常用的词语。"和"表示一种态度：和气、和顺、谦和、和蔼等；或一种状态：和睦、

和谐、和平、祥和等。在中国的传统文化中，"和合"的意义不只如此，它是既包括基本理念、价值，又包括运用原则和方法的一个思想体系。这些也正是"和合中国"展览要传达的内容。

在这个前提下，为了让公众更好地学习与理解展览内容，辽宁省博物馆将"和合中国"展览作为宣传中华优秀传统文化的重要阵地，通过丰富多元的公共服务，研发、策划了一系列公共文化服务活动，以寓教于乐的方式将展览的知识与内涵进行整理与输出，帮助观众，尤其是青少年群体更好地体会人与自然的和谐、人与人的和谐，美美与共，共话和谐。展览期间累计开展活动194场，线下活动受众约11000人，线上活动受众300余万人，努力实现"一个博物馆就是一所大学校"，做到守护好、传承好、展示好中华文明优秀成果。

总结"和合中国"展览的公共服务活动，有青少年主题微电影、乐学堂教育项目、线上研学系列课程、场馆互动体验活动、"博谈雅集"系列活动、丰富多彩的讲解等。教育活动的主要受众是广大青少年，希望他们通过参与各种教育项目，理解展览的主题，即和合文化的内涵与时代价值。教育活动与专业细致的讲解，共同构成了展览优质的公共服务。

（一）青少年主题微电影：《奇妙的"和合"之旅》

《奇妙的"和合"之旅》主题微电影从博大精深的和合文化与"和合中国"展览中汲取思路，选取了"百里负米""兰亭序""丝绸之路"三段故事来展现和合文化的内核，分别对应了"以人为本""万物和谐""文明互鉴"这三个展览关键词，展现了和合文化在几千年发展演进过程中的重要印记，使人与自我、人与自然、人与社会三个不同层面上的和合文化内涵通过青少年的演绎逐一呈现，充分彰显了和合文化的历史意义与时代价值。

　　这是一个契合展览题材背景的青少年教育活动，拍摄青少年主题微电影是辽宁省博物馆社会教育活动的一种全新尝试，主题微电影中的演员为小学四年级至六年级学生，通过公告发布、选角、拍摄、预告、首映礼、电影放映、观众反馈等链条式推进，观影人群主要包括青少年及其家长和教育工作者，特别是中小学学生及其家长，约占总观看人数的 85%。

　　该项目受众对象明确，小演员由四年级至六年级的在校小学生海选而来。通过对小演员进行特色定制培训，带领他们进行剧本围读和角色揣摩，激发他们的舞台表现力，让他们在表演中切身感受和合文化，更好地了解展览，了解文物背后的故事。小演员在拍摄电影、演绎人物的过程中，能够更加切身感受和合文化的深厚内涵及其中所包含的中国智慧，进一步读懂中华优秀传统文化中的和合精神和文明价值，增强文化自信。

　　从观看方式上看，分为线下观看与线上观看，线下观看包括个人入馆观看和学校团体观看。从统计数据来看，线上观看人数远远超过线下观看人数，这与短视频平台的用户量大有直接关联，也符合策展团队的预期设想。从观影目的上看，分为学习型观看、互动型观看（观众留言、评论、发弹幕等）和浏览型观看，学习型观看与互动型观看的总人数与浏览型观看人数比例基本一致，说明与传统文化相关的微电影具有稳定的观影人群。

　　从传播载体及渠道上看，基于网络终端多为青少年群体这一现实，《奇妙的"和合"之旅》主题微电影主要通过线上平台播放，新媒体传播手段使观众可以在较短时间内获得关于"和合中国"展览及和合文化的相关知识，更符合大众碎片化、便捷化获取信息的习惯，使文物资源的发掘和宣传达到了良好的效果。

　　策展团队利用主题微电影将中华优秀传统文化与新颖的文化传播形式相结合，把中华优秀传统文化所带来的审美感动置于青少年的日常休闲娱乐的范畴内，潜移默化地改变青少年对于博物馆厚重、严肃、古板的普遍印象，进一步吸引他们走进博物馆，主动探索文物知识，不断深化对中华传统优秀文化的认知。另外，让青少年群体通过留言、转发、分享、评论等形式参与文化资源共享与共建当中，成为传统文化传承与传播的重要助力。

拍摄青少年主题微电影，进一步解读中华优秀传统文化中的和合精神和文明价值，融合多种新媒体传播方式，内容丰富、形式新颖、制作精良、传播效果突出，在探索传统文化传播方式领域发挥了重要的作用，不仅拓宽了展览在新媒体环境下的传播渠道，探索出了新时代博物馆持续健康发展的有效途径，而且使传统文化焕发新的活力，为新媒体受众提供了更优质的文化精品，对推动文物全媒体传播有积极引领和示范效应，对传播文物蕴含的文化精髓和时代价值发挥了积极作用。

（二）乐学堂教育项目

"乐学堂"是辽宁省博物馆公共服务部为观众精心打造的场馆互动体验社教项目。在展览期间，乐学堂教育项目陆续开展了"柿柿如意""花好月圆""乐山乐水""'鱼'你相遇""兔年'柿柿'红"等课程活动（图3-47），共计77场次，深受观众欢迎，其中以"乐山乐水"课程和"'和'字的祖先"课程取得的效果最佳。

1."乐山乐水"课程

"乐山乐水"课程主要依托"和合中国"展览"乐山乐水"部分的相关文物和资料，教师查阅相关文献和书籍，并对其进行整理与研究，在此基础上开展了专门针对青少年的中国山水景观拼插装饰画课程。课程对象为9—12岁学生，课程人数为30人/场，活动涉及以美术为主的综合学科。

图3-47　乐学堂教育项目的多项课程活动（组图）

　　中国传统文化主张用"天人合一"的思想看世界、去做事，这种综合思维方式讲求的就是人与自然的和谐相处。人与大自然的相安、和合才是宇宙的精神本质。作为祖国未来的接班人，特别是在校的中小学生，更应该了解中国的山水精神与和合思想，对人与自然和谐共生有更深刻的认识。因此，该课程以"乐山乐水"为主题，教师先带领学生参观展览，使学生对中国山水题材的相关作品及其背后所涉及的历史底蕴、创作方式有初步的了解，然后在制作山水景观拼插装饰画的过程中探索中国山水画蕴含的和合思想，直观地了解中国山水画的丰富意蕴，并领会人与自然和谐共生的重要意义，也给予他们更多的创造空间。

　　该课程主要采用"启发引导 + 探索实践"的教学模式，运用讲授、讨论、动手制作等多种方法，注重整体环节的互动性与趣味性。"启发引导"环节要求学生了解和掌握中国山水画的意蕴、和合思想的基本内涵和人与自然和谐共生的重要意义；"探索实践"环节则通过手工制作中国山水景观拼插装饰画，让学生进一步加强对于"和合中国"与文物之间关系的学习与记忆。该课程不仅结合了博物馆展览的特色，也结合了相关文物的历史知识，能够提升学生对中国山水题材作品的观察与鉴赏能力，让学生在轻松愉快的氛围中学习知识。

2."'和'字的祖先"课程

　　"'和'字的祖先"课程结合"和合中国"展览中序章的内容，引导学生思考并讨论"和"字的特点，让学生了解"和"的起源和意义，帮助学生了解汉字的产生及演变，使其切身感知中国传统"和"文化的博大精深，并延伸至"和"所蕴含的无比深厚的中华优秀传统文化的内涵，激发学生的学习兴趣。课程对象为青少年，课程人数为 20 人 / 场，课程涉及学科涵盖历史、劳技、考古、美术等。

　　该课程以问题为线索，教师在课堂上设置找一找、比一比、辨一辨等互动环节，与学生共同解答问题。通过小组讨论和自我提问的方式，学生能够更加深刻地掌握知识点，了解"和"的意义。课程内容及流程主要包括参观展览、课堂讲授、自由讨论、手工体验等。教师通过带领学生欣赏"和合中国"展览精品文物，利用课堂讲解、图片展示、课堂游戏等教学方法，让学生了解甲骨文、金文、小篆等文字，并指导其制作转转筒。在欣赏、了解文物的过程中，提高学生的观察能力和分析能力，锻炼学生的思考能力和表达能力，激发学生对中华语言文字的热爱，提高其艺术欣赏、审美能力。

该课程的特点是主题明确，突出重点。在手工环节，指导学生利用手工材料包制作"和"字转转筒，在培养学生的审美能力及动手能力的同时，加深其对"和"字的理解。在课程中加入了展厅参观体验环节，可以让学生更直观地将知识与文物相结合，充分体验中国古代传统文化的造型之美，使学生对中国古文字有初步的了解，并在手工实践环节结合创作，激发学生的创新意识。

（三）线上研学系列课程

在"互联网＋教育"模式不断发展壮大的大背景下，辽宁省博物馆青少年教育课程体系紧紧跟随时代潮流，不断推陈出新，在满足线下要求的基础上，灵活采用线上教育的新模式，为广大青少年呈现出一堂堂丰富多彩、生动有趣的历史文化课程。

结合年度重磅展览"和合中国"，策展团队研发了系列线上课程，线上研学课程覆盖了整个展览时间，通过辽宁省博物馆官网、微信两大线上窗口，面向所有观众播放视频课程。课程内容的设计制作主要是从"和合中国"展览中挑选青少年感兴趣的内容，例如，以介绍古代文人雅集，并在古代文人乐山乐水的文化活动中揭示人与自然和谐共生的哲学理念为主的"山水筑雅集"；以青铜编钟为核心文物介绍古代的礼乐制度及"和"文化内涵的"声声相和话礼乐"；通过介绍作为东西方文明交汇互鉴与融合的见证的景泰蓝，以及其不同时期在造型、纹饰以及釉料等各方面的创新，帮助青少年理解和谐包容的传统文化精神内核的"西艺东扬——景泰蓝"；依托"和合中国"展览中的铜镜文物，介绍了铜镜的由来、不同时期的工艺特点等，带领大家了解铜镜背后的故事的"镜中世界"。

　　在继承中不断挖掘新意，精彩展现5000年中华文明的历史积淀。同时，为了让广大青少年共享博物馆文化资源，策展团队开拓创新，以新的视角、新的创意将博物馆教育投射到特殊群体中，特邀手语教师参与录制线上课程，满足更多青少年了解历史与艺术、感受美与智慧的需求，这也是博物馆对自身教育职能的充实与拓展。线上研学课程打破了时间和地域的限制，让广大青少年通过互联网随时随地都可以观看博物馆教育课程。现代化学习平台的建设，使博物馆的教学内容向多媒体化、互动化发展，实现了教育资源优化共享，推动了博物馆资源更加高效地配置。

　　博物馆线上研学课程是新媒体时代下信息传播的必然产物。运用新媒体、新手段，以公众喜闻乐见的多样方式实现博物馆教育功能，可以将馆藏历史文化和文物资源真正融入现代人的生活里，并在传播历史文化的过程中提升公众对本土地域文化的认知和了解，增强其文化自信与民族自豪感，开启公众与历史、文物、博物馆对话的新方式，以期让知识的获得更有趣，让受众群体的覆盖面更广，让沟通变得更顺畅，让学习方式变得更便捷。

（四）学术性与通俗性兼备的讲解服务

　　博物馆的社会教育工作除了丰富多彩的教育课堂、流动展览外，阵地讲解服务也是重要的公共服务项目。紧密围绕"和合中国"展览主题内容和文物展品，辽宁省博物馆为广大观众提供了丰富多样的讲解服务。

1.阵地讲解

辽宁省博物馆的阵地讲解工作分为专家讲解、专业讲解员讲解、志愿者讲解三种。辽宁省博物馆的公共服务部讲解团队与志愿者团队拥有丰富的讲解经验，并对"和合中国"展览的讲解工作做了充分的准备，取得了出色的成绩。

专家讲解。根据展览内容开展的"相约策展人"活动，是在展览开幕后的第一周进行的。活动邀请"和合中国"展览的七位策展人根据工作分工，分别从"和合中国"展览的内容设计与文物专业解读角度，为观众提供讲解服务。专家以翔实、准确的历史文化信息和生动的讲解语言为观众展示了有声有色的"和合中国"展览。

讲解员讲解。专业讲解团队在筹备"和合中国"展览讲解工作过程中总结了一套有效的方法：在拿到展览大纲后根据讲解队伍人员的情况将讲解员按照每三人一组分成三组，每组对应一个展厅。讲解员根据展厅的内容，对大纲进行整理形成讲解词，并进行深入学习背诵，达到灵活掌握、烂熟于心，实现 20 天完成全员通讲。

为了便于青少年参观学习，辽宁省博物馆公共服务部根据"和合中国"展览内容选出 30 件文物撰写青少年版本讲解稿件并进行录音。每件文物的讲解稿平均500 字，合计 15000 字，制作完成后在辽宁省博物馆官方网站、微信公众号、自助导览系统中以文字、图片、语音、视频等形式同步呈现，满足不同观众的收听、收看需求。

志愿者讲解。博物馆从众多志愿者中选择优秀讲解员参与专家讲解培训、团队内部学习研讨，志愿讲解员考核合格后才能上岗参与"和合中国"展览的讲解服务工作。"和合中国"展览期间志愿者讲解场次多达 160 余场。

2.可以看的讲解

为了从更多的角度、维度、方式、渠道向观众诠释"和合中国"展览，辽宁省博物馆先后举办了"《直播生活》走进'和合中国'""主播带您看大展"等活动，并录制了《共话历史——志愿者伴您游辽博》等一系列特色讲解短视频，方便观众反复观看。

（1）《直播生活》走进"和合中国"

辽宁经济频道《直播生活》栏目作为辽沈地区的王牌电视栏目，在本次大展中下足力气，精选"和合中国"展览中的五件文物《夏景山口待渡图》《姑苏繁华图卷》《兰亭序》《牡丹图》，以及商代鸮卣，开展了五期系列新闻报道，主持人李昕鑫和五名辽宁省博物馆讲解员共同分享五件文物背后的故事，获得了观众的一致好评。节目在黄金时段滚动播出，覆盖 3000 万人次，新媒体总浏览量超百万次，实现了观众群体在线下、网络和电视荧屏之间的破"次元壁"互动。这五期新闻报道均被"学习强国"学习平台选用刊发，引发主流媒体的二次传播，获得了良好的社会反响。

（2）主播带您看大展

为了在广大市民尤其是青少年中展示、传播和传承这一中华民族的独特精神标识，赓续深入骨髓的文化基因，辽宁广播电视台教育·青少频道、辽宁省博物馆公共服务部联合推出《"和合中国"展览中的最"萌"文物——鸮卣》《"和合中国"展览中的四神廿八宿纹铜镜》《"和合中国"展览中的〈子方扁舟傲睨图轴〉》《"和合中国"展览中的唐摹〈兰亭序〉（黄绢本）》《"和合中国"展览中的钟鸣鼎食重礼乐》《"和合中国"展览中的〈百鸟朝凤图卷〉》《"和合中国"展览中的丝路互通》七期线上系列短视频，由大主播与小志愿者共同主持，邀请观众走进辽宁省博物馆、走进"和合中国"展览，通过生动有趣的问答解读和合文化。

（3）《共话历史——志愿者伴您游辽博》

《共话历史——志愿者伴您游辽博》以辽宁省博物馆史上规模最大的"和合中国"展览为契机，精选了 10 件精品文物，主要以短视频的方式为观众提供线上讲解、呈现文物背后的故事。它开创了辽宁省博物馆志愿者短视频线上讲

图3-48 《共话历史——志愿者伴您游辽博》

解的新方式、新领域，助力做好"和合中国"展览的线上讲解和宣传工作，为辽宁
省博物馆社会教育工作数字化增光添彩（图3-48）。

辽宁省博物馆志愿者线上、线下讲解联合互动，共同发展，更容易宣传推广展
览，讲好中国故事、辽宁故事，增强辽宁省博物馆和展览的文化辐射力、影响力，
增强群众文化自信。

3.可以参与的讲解

如何在传统的面对面讲解之外创新讲解模式？展览期间，辽宁省博物馆推出了
"博谈雅集——'和合中国'春节系列活动"及"我是国宝讲述人"活动，让观众
体验不一样的讲解。

　　《博谈雅集》栏目是辽宁省博物馆公共服务部讲解组 2021 年推出的，受到了社会的关注和观众的一致好评。该栏目改变原有的讲解方式，邀请专家、学者和手工艺传承人等作为主讲人，与文物面对面，与观众肩并肩，互动交流式地解读展览意图和经典文物，并指导观众参与传统工艺制作，让观众全方位地感受真实的历史和传统工艺的传承。在 2022 年春节期间，《博谈雅集》推出"和合中国"春节系列活动，围绕"和合中国"展览中陈列的南宋朱克柔《牡丹图》和几件精美的铜胎珐琅器，先由专家结合相关文物进行详尽解读，再由相关手工艺传承人指导观众参与手工制作体验环节。在春节假期，这一系列活动给观众带去了不一样的博物馆参观体验，展览不仅是可以听的，还是可以动手做的。

　　文物是历史长河中的文明瑰宝，承载着中华民族的基因和血脉，为了更好地保护文物，讲好国宝故事，传承中华优秀传统文化，辽宁省博物馆特举办了"我是国宝讲述人"活动，面向社会公开招募"国宝讲述人"。活动精选"和合中国"展览中 30 个代表性展品，由参与者自由选择讲述。该活动受到了广大青少年的喜爱和追捧，报名截止前，共收到投稿作品 590 件。最终根据这些投稿作品选出辽宁省博物馆"十佳国宝讲述人"10 名，其中一等奖 1 名、二等奖 3 名、三等奖 6 名，获奖者获得辽宁省博物馆"十佳国宝讲述人"荣誉称号，被聘为辽宁省博物馆公益讲解员，同时获颁实物证书及奖品。获评优胜奖（20 名）的选手获得辽宁省博物馆"我是国宝讲述人"优胜奖荣誉证书，被聘为辽宁省博物馆公益讲解员。

七、文蕴天香：展览的特色文创

　　文创产品是文化精神内涵和相关产品的有机融合，它激活了传统文化，赋予文物"新活力"，让观众可以把历史文化带回家，在生活中感受到国韵文化精神之美，对文化的保护和传承起到了重要作用。

　　"和合中国"展览的文创产品将现代、古老相融合，将传统技艺传承再创造，以展览中的宝藏文物为艺术灵感，解构"和合"思想，利用非遗技法，传承传统器物的造型之美、精神之美，通过新锐设计、精工手作，打造了根植文化、贴近生活的"和合文创"。策展团队精心策划，深耕产品，研发推出八类、共百余种原创文创产品，包括主题人物字帖、生活用品、学习用品及从多个角度为适龄儿童准备的绘画、常识类图书，以《清明上河图卷》《姑苏繁华图卷》等国宝级馆藏文物为灵感设计出一系列美观实用的文创产品。

　　"和合中国"展览的文创产品开发着力为辽宁省文化从业者搭建展示平台，提供创作机会。展览联合省内新锐青年设计师、手工匠人、非遗传承人和知名企业，紧扣展览主题，甄选创作元素，首次推出文物与茶文化相结合的"八方容华"和合茶礼、"千字文手刻主人杯"和合茶礼、"荷和"茶具陶瓷系列文创、体现展览主题的玛瑙文创，引进皮雕、缂丝手作系列文创，并推出服饰类、饰品类、邮品类、文具类等常规文创产品。其中"文蕴天香"精油皂系列获评第二届全国文化创意产品推介活动终评会优胜文创产品，"梅影疏横"手绘团扇获评终评会推荐文创产品。辽宁省博物馆与中国邮政辽宁分公司合作开发的"姑苏繁华图个性邮票"也广受收藏界人士的欢迎。

　　"梅影疏横"手绘团扇的创意源于"和合中国"展览的明代缂丝《梅花绶带图轴》，梅花、蔷薇、玲珑石，交错排列，气氛悠然。一只飞鸟停驻梅花枝头，为这件珍品平添了几分灵动。这件作品的细节令人称绝：花瓣单勾，叶子、叶脉不勾边；玲珑石黑线勾三四层以强调轮廓；绶带鸟平梭点睛，米黄、绿色线勾边，羽尾上的捻金线贵气逼人。可谓缂丝艺术的精品之作。"梅影疏横"手绘团扇以梅花绶带图轴中的梅花为意象，绢质扇面之雅白，仿若皑皑白雪；梅花红妆淡抹，嫣然多姿，好一幅"竹院深静，梅开雪落"的美景。这款文创产品共两件，扇形各异、图样不同，但都巧妙地将红梅、白雪和一对喜鹊融入其中，笔底春风，浑然天成。梅花自古被赋予传春报喜、吉祥平安的意涵。"梅影疏横"手绘团扇文创产品不仅具有很高的观赏性、实用性，更蕴藏着美好的祝福和期盼：愿你心中有暖，岁月无寒（图3-49）。

　　"八方容华"和合茶礼的创意来源于辽宁省博物馆藏元代青花八棱罐。元代青花八棱罐，整体造型呈八棱形，白釉青花，共分为五层纹饰。主题纹饰有松、竹、梅、鸳鸯及莲池水禽图案。造型气势浑厚，色彩淡雅，纹饰繁密，绘画生动，气韵非凡，是一件罕见的元代青花瓷器精品，全世界仅发现两件，是辽宁省博物馆镇馆藏品之一。"琴、棋、书、画、诗、酒、花、茶"是古人八大雅事。中国茶文化源远流长，茶既源于自然，又有着十分丰富的文化内涵，是中华优秀传统文化的重要组成部分。中国茶文化中的"和敬怡真"的价值观，强调人与自然和谐共生的生命流动。中国茶道始终秉持追求自然、讲究质朴、向往真实的朴素价值观，在茶艺茶道中体现道法自然、以简为德，在精行简德中实现人与自然的和谐统一，在怡然自得中返璞归真、修身养性，达到人与自然的和谐统一。用现代工艺制作青花八棱茶叶罐，装入品牌茶叶，制作"八方容华"和合茶礼。文创产品按原文物比例缩小，精工细作，结构上不破坏文物原型，利用原罐颈白色部分进行分割，上部形成崭新的罐盖，力求复刻国宝神韵的同时创新制作成新容器。"八方"取四面八方之意，喻指天地万物；"容华"寓意海纳百川、盛世繁华。此文创产品紧扣展览第一部分的"天人合一"，体现和谐的生态观，较好地还原了文物的纹饰及造型特点，通过创新创造，续

图3-49 明代《缂丝梅花绶带图轴》（左）及文创团扇（组图）

图3-50   "八方容华"和合茶礼

写国宝故事。本产品具有观赏和实用价值,满足了文创产品既有传承价值又有现代实用价值的新要求(图3-50)。

　　"荷和"茶具包括莲蓬三合盖碗、"荷和"快客套装、"荷和"闻香杯。产品创意来源于辽宁省博物馆藏喻继高《荷花鸳鸯图轴》中的荷花图案,此件作品在第三部分"和而不同"第二单元"民惟邦本　和合共生"的第三个文物组"花好月圆"中展出,荷叶、荷花、鸳鸯有着丰富的文化寓意。荷花别名中国莲,为花中君子,是中国十大名花之一。花叶清秀,花香四溢,沁人肺腑,象征爱情、代表清廉、喻示吉祥、意比和合。产品创意紧扣展览主题,根植传统文化，又贴近生活，让文物展品焕发生机。

"千字文手刻主人杯"和合茶礼的创意来源于辽宁省博物馆藏宋徽宗草书《千字文》，与展览的文物展品相呼应，工艺精美，匠心独运，可谓传承与创新的佳作，成为展览和展品宣传的有力媒介。

"和合中国"展览文创产品研发根植中华优秀传统文化精神，注重实用性与艺术性结合。根据大众商品和精品的价值区分，文创产品的销售定价区间为5—10000元，满足了不同消费群体对文创产品的需求，从而助力展览宣传。同时激发了辽宁省文化从业者的创作热情，保护和传承了匠人精神，进一步坚定了文化自信，提升了人民群众的获得感和幸福感。

注 释

〔1〕习近平.在庆祝中国共产党成立100周年大会上的讲话（2021年7月1日）. 人民日报，2021-07-02(2).

大美于斯　共享和合

The Pursuit of
Profound Beauty,
the Sharing of Harmony

观 展

山头斜照却相迎

一、合拍共鸣：展览与广大观众

　　"和合中国"展览用展览语言解读、传播和合文化。通过"天人合一"部分，观众可以感受和合文化对人与自然关系的影响；通过"人心和善"部分，观众可以感受和合文化对人内心修养的影响；通过"和而不同"部分，观众可以感受和合文化对社会发展的影响；通过"协和万邦"部分，观众可以感受中国与世界的文化交流合作。

　　那么，在观众群体中，行业专家、社会人士、媒体、普通观众都是如何理解和评价这个展览的？（图4-1）

（一）行业专家的评价

南京博物院名誉院长龚良：让人从文物里读懂"和合"很可贵

　　龚院长是业内资深的学者和专家，在他的领导下，南京博物院一院六馆模式影响深远。早在2019年辽宁省博物馆举办"又见大唐"展览时，就邀请了龚院长和中央广播电视总台《国家宝藏》节目制片人、总导演于蕾共同主持了"又见大唐"之国宝生辉高端学术论坛，从多视角深入探寻、解读文物的厚重价值与展览的深远意义。此次"和合中国"展览在内容及形式设计阶段，又邀请龚院长提出宝贵意见，因此可以说，对辽宁省博物馆这几年的展览及其做法，龚院长了解较深且有发言权。

　　对"和合中国"展览的评价，他表示，对一次展览而言，决定其能否成功的因素有很多，其中，主题与立意是关键。辽宁省博物馆的这次"和合中国"展览，恰恰抓住了中华优秀传统文化的重要内核——和合，这就让展览具备了成功的先决条件。

除了主题明确、立意宏大外，"和合中国"展览还充分挖掘了展品与文物所彰显的价值。"通过展品诠释与解读和合思想这样一个抽象的理念，考验着策展人的功力"，龚良说，辽宁省博物馆的"和合中国"展览较为完美地回答了这个问题。

观众在欣赏文物的同时，从文物中读懂了"和合"的理念，这是此次特展的成功之处。"比如说，观众在宁静悠然的古代画作里，感受到了人与自然的和谐相处，读出了古人悠游林泉的怡然自得，并引发无限思考与遐想，这就是展览的成功之处。"

龚良表示，"和合中国"展览另外一个较为独特的地方就是围绕一个主题来谋篇布局，通过展品与展品的组合，来诠释"和合"理念下的每一个小理念，这种设计引人入胜，令人神往，值得其他展览借鉴。

（二）社会人士的评价

1.知名作家、学者王充闾先生："和合"是中华民族一种内在的精神特质

"和合中国"展览作为近年来辽宁省博物馆举办的主要特色展览之一，用几百件珍贵文物生动、形象地诠释着和合理念，也从另外一个层面打开了我们思考的空间：和合思想的核心内容是什么？我们如何来理解"和合"二字的丰富内涵呢？《辽宁日报》记者朱忠鹤就此话题独家采访了知名作家、学者王充闾先生。

王充闾表示，和合理念是中华人文精神的精华，是中华民族一种内在的精神特质，也是中华民族孜孜以求的理想境界。作为一种文化标记，在号称中国的三大国粹——中医、京剧、国画中，都可以看到和合精神的存在。天人合一、阴阳转化

图4-1   行业专家及社会人士对"和合中国"展览的评价

的观念，对中医有着深刻的影响，中医十分重视人和自然的关系，重视人体各个器官之间的有机联系，以及疾病和心理状态的关系。京剧是一种讲究唱、念、做、打统一在一个有机体里的传统艺术，本身就是"和合"的产物。中国画中除了图画本身外，常配有诗词、书法、篆刻等，和合共生，相得益彰。

"和"是中国传统艺术美学思想的核心与主脉。和谐美已成为中国书法艺术的最高美感追求，和谐是书法审美的最高境界。中国书法是一个充满线条矛盾的有机统一的和谐境域，它的和谐是在矛盾、冲突、变化中实现的，即所谓"多样的统一"。书法的美就在于变化，在于多种因素的和谐统一。书法强调变化，但这是在统一的制约下的变化。这就是孙过庭在《书谱》中所说的"违而不犯，和而不同""穷变态于毫端，合情调于纸上"。传统律诗，特别是对联，不但形式上要上下联相对应，而且内容和文字上也都要求对应，讲究对仗工整、韵律和谐。中国的文字不仅仅是一种简单的符号，还可以折射出多层面的文化心理现象，它的文化意义大大超过了文字本身。

比较典型的还有中国的古琴，和合理念是它的基本质素和审美原则。古琴的音色、音高、音长、音强的物理声学分析和中国本土的儒道两家的早期"乐论"是古琴文化中和合思想形成的根由。在古琴艺术中，古琴形制暗合阴阳之道，在选材斫制的过程当中，讲究阴阳调和。琴艺上指法和技法的声韵并茂，体现了虚实相生、刚柔相济。在山林、水云、月夜间，融情入景，和谐优美，达到了天地与我合一、万物与我同化的"和合"境界。

王充闾认为，相较于中原文明，辽宁地区历史上作为农耕、游牧、渔猎的集合体有其独特性。王充闾说，中华文明由于并非单一起源，而是多源共生的，因而就其本质来说，是一种多元混合型文明。这种和合共生的文明体系，在其发展、整合的进程中，不可避免地会出现碰撞、汇合与交融，并在交流、变迁中不断地发展、壮大、优化、成熟。作为塞外草原文明与农耕文明、游牧民族文化同汉族封建文化交融互汇的结合带，辽宁地区堪称这种和合共生文明的代表。如果说，"内蒙古，……一直是游牧民族生活和活动的历史舞台"，呼伦贝尔草原"是他们的武库、粮仓和练兵场"[1]，那么，广袤的松辽平原，特别是辽西的医巫闾山一线，则是他们研习中原文化、接受华风洗礼的大课堂和大走廊。

民族和合既是一种民族文化精神，也是处理民族关系的价值取向，同时也是中华各民族在经济、文化、政治等几个方面不断聚合与融合的历史与现实。表现在熙熙攘攘的经济生活中，我们可以看到各族人民早已形成互通有无、相互促进、共同发展的利益共同体；表现在各具特色、相互包容因而丰富多彩的民族文化生活中，我们可以看到各具特色的多民族文化在千百年来的相互影响、相互融汇过程中，早已形成了共同的文化基因；表现在协商、合作和共同奋斗的政治生活中，我们可以看到各族人民早已形成了稳固的政治共同体。民族共同体形成的原因是多方面的，其中最基本也最深刻的原因则是在数千年的民族聚合与融合过程中逐渐形成的中华民族共有的大中华意识。

王充闾对辽宁省博物馆此次"和合中国"展览给予了很高评价。他表示，通过文物之美解读与中国"和"文化有关的"和合"思想，并通过生动地解读文物和述说它们背后的故事，剖析文物的社会背景、时代文化、学术价值，使这些瑰宝成为有温度、有脉动的鲜活教材而展现在人们面前，充分凸显出了博物馆的文化价值——通过展览所彰显的中华悠久文明，赓续深入血脉的文化基因，在和合文化传承与涵养中增强文化自信。

2.北京大学教授张颐武：围绕主题拓展式策展值得点赞

北京大学中文系教授、北京大学文化资源研究中心主任张颐武一直十分关注辽宁省博物馆的"和合中国"展览。通过视频、文字、图片及线上 VR 智慧展厅，张颐武多次欣赏展览，静心观赏每一件珍贵文物。

张教授表示，"和合"二字是中华优秀传统文化的重要内核。这几年，经过众多学者的研究与阐释，其内涵与意义得到了充分发掘。"和合"二字虽简单，但内涵丰富，概括而言，它既强调人的自洽、人与人之间的和谐相处，也强调人与自然、人与社会的和谐统一，"应该说，'和合'表达了中国人的处世之道"。

在 400 多件 / 套珍贵文物中，张颐武对以"兰亭叙"为主题的展览单元印象深刻。1000 多年前，文人雅士在会稽山下举办了兰亭雅集，王羲之留下了被称为"天下第一行书"的《兰亭序》。

在这个单元，不仅展出了曲水流觞中的"觞"，还展出了宋代《开皇刻兰亭诗序卷》、明代祝允明的《兰亭集序图卷》、清代刘枢的兰亭诗序扇面等一批与兰亭雅集有关的珍贵书画作品。张颐武对这种展览形式赞赏不已，他表示，围绕一个主题进行拓展式展览，既丰富了展览内容，也凝练了展览主题，"是一个值得点赞的策展思路"。

（三）媒体的评价

辽宁省博物馆推出该馆史上规模最大特展"和合中国"，将全国各地博物馆的镇馆之宝汇聚辽宁，与众多辽宁博物馆的"看家馆藏"一起在辽宁展出。众多文物在"天人合一""人心和善""和而不同""协和万邦"四大主题之中，展现了和合文化所蕴含的宇宙观、天下观、社会观、道德观。

国宝价值连城，不仅因其历史久远、材质珍贵、技艺非凡，更因为它们见证了历史，诉说了中华民族一路走来礼乐千年的万千气象、和合共生的盛世繁华。

人们在对古意盎然、巧夺天工的文物赞叹之余，强烈地感受到了中国文化源远流长，中华文明兼收并蓄。

庙堂之上，金声玉振的编钟回响着"礼之用，和为贵"的圣人理想；绘尽人间烟火、车水马龙的《姑苏繁华图卷》讲述着盛世辉煌"巧者，合异类共成一体也"的精神追求。

先民用自然之纹、鸟兽之形塑造身边器物，表达对自然的体悟观察与和谐共生的愿望；文人用描画山水、歌咏诗赋来赞颂"天人合一"的哲思。丝绸之路上驼铃声声，商旅不绝，中国的丝绸远销亚非欧，元青花的钴料来自西域波斯。这一切无不证明了千百年来在文化、思想、科技等诸多领域中国对世界的独特贡献，中华文明在与世界沟通交流、包容并蓄中传承发展。

文明因交流而多彩，文明因互鉴而丰富。从远古一支八孔骨笛开始，先祖吹出音调，对乐之和美进行初次试探，到"礼之用，和为贵"黄钟大吕的恢宏庄重，一直到北京冬奥会上的"只此青绿，裙裾翩翩""八音合奏，终和且平"，"和合"余韵悠长，彰显着温润优雅的文明气度，寄托着人类的共同梦想。

从古至今我们都憧憬和期待"和乐""和美"，而这一切都以和谐共生、和睦相处、和平发展为前提，在复杂多变的今天，我们依旧能从崇德向善、和而不同的古老智慧中汲取营养，自古而今的"和"文化依旧滋润着我们的精神，未来我们也会因"和"而赓续、存在，因"合"而创新、发展——和而不同，美美与共。

（四）普通观众的评价

在微信、微博、大众点评、小红书等网络平台上可以看到观众与博物馆的互动信息，"和合中国"展览获得了大量好评。

太优秀了！感觉辽宁省博物馆一年比一年好，展览的内容越来越有层次，看到了玉猪龙和鬼工球，主题太充实了，和合二字真是道尽了中国文化的精髓，看得太急完全没有尽兴。一开始还拍了几张照片，后面就完全被展品吸引，根本顾不上拍照了。

被"和合中国"吸引而来，有好多博物馆的珍品，讲解员旁征博引，非常吸引人，学到了很多东西。展线合理，布景与高科技运用非常不错。

规模很大，围绕中国文化里的"和合"，从古至今，通过文物讲述出来，是很有意义的展览。

不可以错过的辽宁省博物馆建馆以来规模最大的特展，不远千里前来"打卡"并流连其间。

有幸看了辽宁省博物馆的特展——"和合中国"，展出的书画藏品堪称顶级，令人大饱眼福，辽宁省博物馆永远不会让人失望。一共三个展厅，粗略走下来也要两个小时，所及之处忍不住感叹，看到画作不禁身入其中，一路下来，回味无穷。

策划用心，细节很到位，志愿者讲解给力。

明代仇英《清明上河图卷》，反映出明代商品经济的发展状况，人们的文化品位和心理寄望，亦可看出百姓对生活的热情，对平和安康、繁华人生的向往。身临现场，真的很宏伟壮观，给辽宁省博物馆点赞。

（五）专业机构的调查

专业机构的调查是博物馆掌握受众与其实际体验感觉，通过大众反馈及时调整展陈设计、讲解内容与文创产品的后续开发，探究博物馆价值的深度挖掘与对大众的人性关怀，加强博物馆的多重空间开发与功能布局的重要手段。为了能够更好地提高社会服务效能，辽宁省博物馆会定期开展观众调查活动。在展览期间，为进一步了解大众对"和合中国"展览的相关意见和建议，辽宁省博物馆与专业机构合作，针对"和合中国"展览开展了一次深度的观众满意度调查。对"和合中国"展览的展品鉴选、陈列设计、社教服务等方面进行了多维度的调查，旨在了解大众对于"和合中国"展览的评价，探究博物馆观众的实际观展体验。调查研究对象为展览期间到辽宁省博物馆参观的观众。

观众满意度调查能够直观反映问题。从 2022 年 10 月 8 日开始至 12 月 18 日结束，线下总计派发问卷 2250 份，有效回收 2220 份；线上问卷有效回收 975 份。线上线下总计有效回收问卷 3195 份（表 4-1）。

表 4-1　问卷发放情况

受调查者学历	人数	占比 /%
小学	195	6.1
中学	190	5.9
高中（中专）	1050	32.9
大专	560	17.5
本科	1080	33.8
研究生及以上	120	3.8

从调查问卷可以看出，18—45 岁人群占总观众数的 39%。

除此之外，18 岁以下与 45 岁以上观众人数较多，分别占 33% 和 28%。18 岁以下观众多为高中与中专学生，参观"和合中国"展览更多是出于个人体验与学习提升的目的。18—45 岁人群多为本科毕业生或已从业人员，参观展览大多是由于对展览内容感兴趣，满足假日休闲与子女教育需求。而且统计中发现，多数观众会推荐自己的朋友来观看展览。

从调查问卷还可以看出，近半数观众对参观博物馆的态度是十分积极的，60.54% 的观众表示本次展览大大超出预期，26.44% 的观众表示展览比预期要好一些，13.02% 的观众表示与期望相同，这也反映出展览是十分成功的。72% 的观众是因"和合中国"展览而到辽宁省博物馆参观，由此更证明了该展览具有较大吸引力。

调查团队也对相关文创产品进行了问卷调查，调查显示，仅有 11.26% 的观众购买了文创产品，88.74% 的观众没有购买文创产品。究其原因，一方面受人员聚集限制的影响，另一方面受疫情影响，文创产品的开发不足，种类及价格都会影响观众的购买。

对文创产品的定价与销量调查发现，约 98% 的购买者选择了百元以下的产品，68% 的观众建议文创产品定价控制在 40 元以下。这也间接反映出了博物馆文创产品的尴尬处境，即文创产品价格与大部分观众收入之间存在差距，文创产品后续开发的市场空间广阔。策展团队的文创工作组应调整策略，大力推广文创产品，选取物美价廉、特点鲜明的产品重点宣传，并把产品价格控制在合理的范围。通过文创产品强化大众对于"和合中国"展览的记忆，更要充分发掘文创产品的教育性与传承性，同时注重实用性，将文创产品与生活融合，使文创产品成为一种新型、有效、可见的文化载体，代表"和合中国"展览走向校园、走向社会。

在对专业讲解方面的调查中发现，71.67% 观众明确表示需要专业的讲解员，18.44% 观众表示看情况而定，只有 9.89% 观众明确表示不需要。由此可以看出，如果不辅以优质的、专业的讲解服务，那么观众很可能无法深度了解这些文物展品之美与和合文化的内涵。因此，策展团队立即加大力度培训讲解员，以专业讲解员、志愿者、语音导览器等方式，多渠道为观众提供优质讲解服务。

如今，博物馆的观众不再是单一的文物爱好者，呈现出多元化、多层次、不同年龄阶段并存的特征，深入浅出、生动新颖、互动感强的讲解可以将深奥枯燥的历史变得浅显、有趣，让观众更直观、更形象地了解历史文化，进而激发社会大众走入博物馆的兴趣。

自 2020 年起，辽宁省博物馆入驻抖音、快手平台，推出直播活动，借助新形式、新手段为广大观众讲解线上展览、直播精彩讲座。此外"和合中国"展览的线上活动极大丰富了观众的观展体验，拓宽了观众的观展渠道。策展团队通过各类线上平台主动与大众对话，积极为大众提供多元化服务，提升了观众的满意度。

二、合作共赢：展览与业内业外

（一）珠联璧合："和合中国"与合作单位

　　"和合中国"展览的策划、筹备与实施，得到了文博行业内外的广泛支持，包括山西博物院、吉林省博物院、南京博物院、河南省文物考古研究院、湖南博物院、陕西历史博物馆（陕西省文物交流中心）、甘肃省博物馆、宁夏回族自治区博物馆、新疆维吾尔自治区博物馆、三门峡市虢国博物馆、宁夏固原博物馆、盐池县博物馆、阳信县博物馆、辽宁省文物考古研究院、旅顺博物馆、朝阳博物馆、东港市博物馆、建平县博物馆共18家行业内各级文博单位。除文博行业外，从辽宁省图书馆、辽宁省体育局两家单位商借了9组/件展品。另外还得到了社会文化机构的大力支持，中外珐琅美术馆、苏州市祯彩堂工艺社分别提供了6组/件工艺美术精品作为展品。

　　可以看到，从长白山脉到湘江之畔，从东海之滨、中原腹地、河西走廊到天山脚下，来自12个省22家借展单位的文物展品整合到"和合中国"的展厅里，实现跨时空地域的融合（图4-2）；鸮卣、胡人吃饼骑驼俑、东罗马鎏金银盘、《文姬归汉图》等"网红"文物，背负着与"和合"有关的故事，赶赴"和合中国"展览团聚，实现不同时代、不同质地文物的融合。可以说，"和合中国"展览是一次跨界合作的成功实践，全国范围内的文博行业、体育行业、工艺美术机构以"和合中国"展览为契机，在辽宁省博物馆的组织沟通协调下，突破了行业壁垒，彼此互通有无，统筹资源，通力配合，实现了跨界合作。

　　其中值得一提的是辽宁省体育局和中外珐琅美术馆两家单位。"和合中国"展览第四部分"协和万邦"第二单元"与古为新　美成在久"第三文物组为"和

图4-2 借展单位分布

衷奥运"，需要真正的奥运奖牌作为展品。众所周知，辽宁省为全国体育大省，培养了无数优秀的体育人才，斩获过大量奥运奖牌。策展团队站在普通观众的立场考量，认为观众一定期待目睹奥运奖牌的真容。于是辽宁省公共文化服务中心向辽宁省体育局发出邀约，获得了辽宁省体育局的大力支持。经辽宁省体育局协调，辽宁籍女子摔跤运动员王娇、女子射箭运动员郭丹二人同意将各自荣获的2008年北京奥运会女子摔跤项目金牌、2008年北京奥运会女子射箭团体项目银牌借展，以支持辽宁省博物馆"和合中国"展览，同时支持辽宁省的文化事业发展。辽宁省体育局组织专员赴两位运动员的家中，将两枚奥运奖牌取回沈阳，在展览开幕的前一天，这两枚奖牌被放置到辽宁省博物馆展厅的中心展柜中，静候与广大观众的见面（图

图4-3　2008年北京"和衷奥运"展示区

4-3）。无数的博物馆观众也是体育迷，他们通过"和合中国"展览第一次见到了真正的奥运奖牌，同时结合文物展品与图文内容的阐释，了解了奥运精神与和合文化。

　　中外珐琅美术馆是一家致力于国家非物质文化遗产珐琅艺术的传承和传播的民营商业机构，注重促进中外珐琅艺术的融合与发展，专注于铜胎掐丝珐琅（俗称"景泰蓝"）、画珐琅、珐琅彩等珐琅艺术的展示与交流。"和合中国"展览第四部分"协和万邦"第二单元"与古为新　美成在久"第二文物组为"西艺东扬"，需要现代珐琅器作为陈列展品。策展团队通过互联网查找到该机构，在此前完全不相识的情况下，尝试进行交流，希望获得中外珐琅美术馆的支持，能够出借展品一二。令人惊喜的是，策展团队十分顺利地获得了对方的信任与

支持，甚至超出了预期，中外珐琅美术馆不仅将景泰蓝和平颂宝鉴、景泰蓝盛世欢
歌瓶两件价值不菲的珐琅器珍品无偿借展，并主动提出在展览结束后，将这两件展
品捐赠予辽宁省博物馆。景泰蓝和平颂宝鉴、景泰蓝盛世欢歌瓶这两件现代珐琅工
艺珍品如今已正式入藏辽宁省博物馆。这两件展品不仅代表了中国工艺美术的成就，
也体现了在文化的纽带下，文博行业内外的互帮互助与协同发展。

（二）同心同德：和合中国与学术大师

　　策展团队邀请了多位学术大师，围绕"和合中国"展览举办高水准学术讲座，
这些学术大师包括以下几位。

　　王充闾，作家、学者。曾任辽宁省委常委、省委宣传部部长、省人大常委会副
主任。长期从事文学创作与学术研究，被南开大学等多所高校聘为客座教授；在国
内外 30 多家出版社出版作品 80 余种；有《充闾文集》二十卷。散文集《春宽梦窄》
获中国作家协会首届"鲁迅文学奖"之后，连续两届被聘任为"鲁迅文学奖"散文
杂文奖评奖委员会主任。2017 年，《国粹：人文传承书》获全国"中国好书"奖。
作品被译成英文、阿拉伯文、泰文、罗马尼亚文。他的讲座题为《和合共生　永续
发展》。讲座从四个方面加以阐述：一是中华文明的"和合"理念是怎么形成的；
二是它的核心内容是什么；三是"和合"理念在现实生活与各种文化形态中都有哪
些体现；四是研究、倡导"和合"理念的当代价值与现实意义（图 4-4）。

　　荣新江，北京大学博雅讲席教授、英国学术院通讯院士、第 7—8 届国务院学
位委员会学科评议组成员、中国敦煌吐鲁番学会会长、北京大学历史学系学术委员
会主任。研究方向是中外关系史、丝绸之路、隋唐史、西域中亚史、敦煌吐鲁番学等。
著有《敦煌学十八讲》《中古中国与外来文明》《隋唐长安：性别、记忆及其他》

图4-4　王充闾先生讲座海报（左）
图4-5　荣新江教授讲座海报（右）

《中古中国与粟特文明》《丝绸之路与东西文化交流》《敦煌学新论》《华戎交汇在敦煌》《从张骞到马可·波罗——丝绸之路十八讲》等。他的讲座题为《万里戎王慕中华——谈谈中古入华胡人的生活》。讲座呼应"和合中国"展览中"协和万邦"部分的胡人吃饼骑驼俑、三彩胡人骑马俑等文物，主要阐述中古时期胡人进入长安等地的历程，讨论他们给长安社会带来的影响，以及中华文化的方方面面对他们产生的影响（图4-5）。

吴振武，历史学博士，考古学博士生导师。曾任吉林大学古籍研究所所长、

图4-6　吴振武教授讲座海报（左）
图4-7　扬之水先生讲座海报（右）

研究生院院长、副校长，国务院学位委员会学科评议组成员，现任吉林大学校务委员会副主任、校学位评定委员会副主席、考古学院古籍研究所匡亚明特聘教授。主要社会兼职有：中国古文字研究会会长（法人代表）、中国文字学会副会长、全国古籍整理出版规划领导小组成员、全国古籍保护工作专家委员会委员、国家社科基金学科评审组专家、"古文字与中华文明传承发展工程"首席专家。曾出版《殷墟甲骨刻辞类纂》（合作）、《吉林大学藏甲骨集》（主编）、《〈古玺文编〉校订》等专著七部，独立发表学术论文百余篇。他的讲座题为《漫谈"和合中国"大展中的几件文物》。本次讲座在多个网络平台同步直播。讲座主要围绕辽宁省博物馆举办的"和合中国"展览展开。吴振武老师针对展出的张大千《并蒂图轴》、唐代三彩角杯、金代"煌丕昌天"海船纹铜镜、唐代李阳冰篆书《谦卦碑》拓本、唐代欧阳询《千字文》、明代利玛窦《坤舆万国全图》等展品，结合同类文物和有关文史知识，分别做了深入的讲解（图4-6）。

　　扬之水，中国社会科学院文学所研究员，长期从事名物研究。著有《梣梓楼集》（十二卷）、《定名与相知：博物馆参观记》、《定名与相知：博物馆参观记（二编）》、《中国金银器》（五卷）等。她的讲座题为《特别有故事的三彩印花太极图执壶》。三彩印花太极图执壶是辽宁省博物馆的辽代名品之一。它的源，可溯至汉代或更早，它的流，则可追踪至清代。虽然是一条水流不大的小河，却也有不少港汊，从形制到名称，一路留下"和合"的痕迹（图4-7）。

　　展览举办期间，由于受疫情的影响，曾两次闭馆，部分线下讲座迟迟无法开展，但这四位学术大师的线上讲座，如春风化雨，驱散雾霾，不仅观众过瘾，策展团队也是受益匪浅。

注　释

〔1〕翦伯赞. 内蒙访古. 北京：文物出版社, 1963.

大美于斯 共享和合

The Pursuit of
Profound Beauty,
the Sharing of Harmony

结　语

回首向来萧瑟处

　　和合文化展现了中华民族海纳百川的宇宙观、天下观、社会观、道德观，绵延不绝的和合文化涵养了巍巍中华，彰显着温润优雅的文明气度，寄托着人类的共同梦想。2022 年，辽宁省博物馆用"和合中国"展览这场文化盛宴，献上了文博人的礼赞！作为辽宁省博物馆有史以来举办的规模最大的现象级文化大展，展览一经推出，就赢得了社会的巨大反响，春节期间更是迎来了大量观众，从初一到初六，累计接待观众 34000 多人。

　　为创新推动文物活化保护利用，弘扬中华优秀传统文化，2023 年 1 月 28 日，由辽宁省公共文化服务中心主办，辽宁人民艺术剧院（辽宁儿童艺术剧院）、辽宁歌舞团（辽宁民族乐团）围绕"和合中国"展览精心创排的"又见辽博——'和合中国'"主题晚会（图 5-1），在辽宁省博物馆一楼大厅惊艳上演。专业水准的演出吸引了 3000 余名观众来到现场观看，燃爆全场。备受关注的"和合中国"展览也在精彩的夜场晚会中落下帷幕。

　　当晚，古风古韵的歌舞吟诵、细致精心的节目编排、清丽雅致的演出服饰、绚丽多彩的舞台效果，仿佛让观众穿越时光，置身于源远流长的和合文化之旅，既可以看展览，又可以看演出，在欢度新春的祥和氛围中传承发扬中华优秀传统文化。

　　一场文化盛宴，在令人惊艳的主题晚会中落幕。在意义非凡的主题晚会之后，回首再看这场文化盛宴：精心设计的文物展陈与解读、专业的讲解队伍，让观众在参观时现场感受和合的魅力；创新的数字化展示、专业水准的夜场

图5-1　又见辽博——"和合中国"主题晚会（组图）

晚会，让观众在展厅之外也能理解"和合中国"这一展览主题。这是我们探寻历史文化遗产的当代表达的深度实践和有益尝试，同时也应该回顾"和合中国"展览从策划到实施的全过程，总结策展工作的得失，找到还不完美的地方，为下一次展览做好准备。

一、成效与做法

"和合中国"展览在精心策划下于2022年10月8日—2023年1月28日盛大展出，在海内外产生广泛影响，赢得了业内专家学者和普通观众的一致赞誉，成为继"又见大唐""又见红山""山高水长——唐宋八大家主题文物展"后辽宁省博物馆举办的又一现象级大展。展览以文物为媒，探寻历史文化遗产的当代表达，呈现时代气象；以数字赋能，线上线下融合，提升服务效能。

从展览数据看，作为辽宁省博物馆史上规模最大的特展，展出和合文化有关文物、古籍402件/组（436单件），其中一级文物88件/组，外借文物121件/组（177单件）。三个展厅面积3738.1平方米，加上走廊面积1187平方米，展览面积近5000平方米。在这种超大的展示范围内，通过"天人合一""人心和善""和而不同""协和万邦"四大板块，对跨时空、跨地域、跨种类的文物进行融合解读，阐明中华民族讲仁爱、重民本、守诚信、崇正义、尚和合、求大同的精神特质和发展脉络，弘扬中华文明的当代价值和世界意义。

从参观数据看，展览受到海内外媒体和观众的瞩目，在因疫情两次闭馆一个月左右的不利条件下，仍吸引了近 12 万人专程来到辽宁省博物馆看展，日参观流量最大达 9000 人次，创辽宁省博物馆近年来单日接待观众之最。为了满足更多观众看展的愿望，展览延期一个月撤展，掀起春节元旦观展热潮。观众总人数中，30% 为外地观众，文化兴盛助推了旅游振兴。

从媒体数据看，展览吸引了《人民日报》《光明日报》《经济日报》《辽宁日报》，以及新华社、中央电视台、中国新闻社、辽宁电视台、东方卫视等主流媒体近 96 家，报道达 403 篇，网络转载千余次。系列报道聚焦展览内涵和外延，新华社客户端、央视新闻客户端相继推出《先睹为快 88 件一级文物在辽展出》《探辽宁省博物馆"和合中国"特展赏文物之美》等直播报道，人民网发表《这几年，这些展！新中国第一座博物馆玩"出圈"》等报道，点明了展的深层含义，通过读懂"和合"来读懂中华文明的根系。

在展览的过程中，为盘活用好馆藏文物资源，激发创新创造活力，增强中华优秀传统文化生命力、影响力，逐步构建起博物馆资源整合与创新转化的新格局，策展团队采取了多种手段。

一是立意上紧跟时代价值，以"两个结合"为钥，开启中华文明不断焕发生机活力的大门。展览以"和合中国"为题，古为今用，推陈出新。为了更好地挖掘馆藏文物的时代价值，组织专家研讨会、专题会、策展工作会等会议数十次，向国家文物局专题汇报两次。策展团队根据数十万字的展览说明和近千幅图板、图表为 400 余件文物量身打造出展示图板及说明，从文物中提炼讲述了中华文明"天人合一"的生态观、博大厚重的家国情怀、交流互鉴的丝路故事、古今合璧的奥运故事、一起向未来建功新时代的美好愿景等，精准诠释出和合文化所蕴含的宇宙观、天下观、社会观、道德观，实现了馆藏文物与党的二十大报告紧密结合，与中华优秀传统文化相结合，让源远流长的中华文化厚植于观众心中，让中华文明在新时代焕发出勃勃生机。

二是策展上多元融合，以"和"为纽带，实现历史文化遗产的多元阐释传播。

为了更好地阐释"和合中国"主题，展览加强了与不同地域、不同层级、不同属性博物馆的资源整合。400 余件展品中，177 单件外借文物来自 12 个省，既有南京博物院等省级博物馆，又有宁夏盐池县博物馆等县市级博物馆，既有辽宁省图书馆等古籍收藏单位，又有辽宁省文物考古研究院、辽宁省体育局等单位，打破了文物的时空藩篱。山西博物院鸮卣、胡人吃饼骑驼俑等"网红"文物在辽宁省博物馆展出，引发观展热潮。展览加强了展陈手段的创新融合，将数字影像技术与展厅环境融合，"天人合一"冥想屋、丝绸之路滑轨屏等设备为观众提供了沉浸式观展体验。系列策展手段以"和"为纽带，介绍文物信息，解读文物故事，全面、系统、立体式地阐释文物的历史、艺术、审美和时代价值。

三是传播上跨界合作，以"合"为赓续，创新转化赋能经济社会发展。依托展览，辽宁省博物馆开发了系列教育活动、数字应用、文创产品等七大"博物馆 +"项目并传播推广，以创新创造的转化形式赋能经济社会发展。其中，线上研学、场馆互动体验等九大类 110 余场社会教育活动吸引了 3 万余名受众参与；运用视频、投影、AR 等数字化手段融合展厅实体与虚拟环境，拓展文物展示空间，提升了参观体验，打造"和合中国"VR 展，点击量达 1 万余人次；结合中心文化属性，在展览闭幕当天开放博物馆夜场，与辽宁歌舞团合作举办"又见辽博——'和合中国'"主题晚会，500 张预约门票 10 分钟内抢空；围绕展览研发文创产品 97 种，实现销售额 27 万元；与辽宁美术出版社合作出版展览图录，深受业内专家及观众好评；深化学术研究，邀请知名学者、北京大学教授、吉林大学教授、中国社科院文学所研究员等举办专题讲座四场，从展览入手阐释发扬"和合"思想；拓展宣传工作模式，发挥博物馆主观能动性，与辽宁卫视《直播生活》合作专题报道五期，与辽宁广播电视台教育·青少频道合作录制"主播带您看大展"活动七期，拍摄"相约策展人"短视频、主题微电影等，放大宣传效应。系列工作将馆藏资源转化为文化服务资源，在跨界融合中实现了创新性转化和创造性发展。

二、遗憾与补救

一是内容设计方面，"和合中国"展览原拟向湖北省博物馆借用曾侯乙墓出土的铜冰鉴，与奥运开幕式的"击缶而歌"相呼应，以青铜重器结尾，起到震撼的效果，惜未达成。为弥补缺失，策展团队调整思路，最终确定以奥运金牌与银牌作为展览结尾，因此又设计了"一起向未来"的观众互动区域，观众可以在此处留下"对未来的寄语"。从开展后的效果和观众反馈来看，奥运金牌与银牌展品十分受关注，"对未来的寄语"也收获了大量观众互动，可以说这一策展思路的改变取得了意想不到的效果。

二是形式设计方面，由于展厅固有的布局，第一部分入口左侧"四神二十八星宿"多媒体演示装置正对入口位置，且声光电效果震撼，很多观众在进入展厅后第一时间被吸引驻足观看，进而就近逆展线参观，即反方向观展。出现这种情况，虽然是由于展厅固有的格局不能被打破，但主要原因是在形式设计时追求数字化的技术效果，忽略了展线的布局。通过对观众的调查发现，展厅吸引观众的往往也是这种多媒体的展示，因此规划空间布局及动线，是博物馆陈列展览最基本的方面（图5-2）。

三是"和合中国"展览时间为 2022 年 10 月 8 日至 2024 年 1 月 28 日，受疫情影响，展览期间曾两次闭馆，会引发人群聚集的教育活动未能充分开展起来，大量外地观众错失观展机会，原计划与国内多家高等院校、教学和科研单位合作举办的展览主题相关学术交流研讨会等也未能按计划开展，留下诸多遗憾。

为弥补遗憾，满足观众参观需求，完善展览内涵，策展团队对"和合中国"展览共计进行了三期展品调整，使部分观众将珍贵文物看过瘾，常来常新。这也充分体现了策展团队对文物的保护。2022 年 8 月在北京召开的全国文物工作会议上，提出新时代文物工作的 22 字方针，即"保护第一、加强管理、挖掘价值、有效利用、

图5-2　"四神二十八星宿"数字化演示区

让文物活起来"，对展品的调整即是对此方针的体现。展览用到了辽宁省博物馆馆藏及来自南京博物院、湖南博物院、吉林省博物院等多家单位的珍贵书画文物，原件定期定时展出，复制品替换已成观众的共识。

另外，策展团队还组织协调各借展单位，多方共同努力，将原定于2023年1月8日结束的展览延期至1月28日，将春节假期包含在内，为前期无法观展的观众多争取了宝贵的时间，许多观众通过这20天的展览延期与展览深度互动。

三、我们的队伍

本次策展过程中最大的收获是对专业队伍的锻炼。"和合中国"展览的内容策划不同于辽宁省博物馆以往做过的"又见大唐""又见红山""山高水长——唐宋八大家主题文物展""龙城春秋——三燕文化考古成果展"等展览,以往展览的内容是不可分割、不能独立成章的,而"和合中国"展览不同,其四大部分八大单元,每一单元都可视作独立的小展览,甚至每一单元内的文物组亦可成为一个独立的小展览,整个展览就是由这些独立的小展览串联而成的一个宏大的叙事主题,因而对策展团队的成员而言,每个人的任务就不仅仅是写展览的词条那么简单,更是分工协作,互通有无。

策展团队负责人刘宁,吉林大学考古学及博物馆学博士,二级研究员。她设计了"和合中国"展览的整体内容框架,撰写了前言、结语及四大部分八个单元的说明文字,并在"与天地参 认知自然"单元,以新石器时代的彩陶开篇,通过鸟兽、星空、信仰、八卦等不同主题的文物,揭示了中华民族对自身与宇宙关系的基本认知,从而形成独特的思想文化理论体系。

策展团队的其他成员都是辽宁省博物馆学术研究部的业务人员,包括以下几位。

么乃亮,吉林大学考古学及博物馆学硕士,时任辽宁省博物馆学术研究部负责人,研究馆员。主要从事石刻文物及碑帖的整理与研究。他认为,崇德向善是中华传统美德的核心内容,是和合文化的直接体现。他通过对"仁爱""孝道"相关文物的深入解读,阐释了和合文化中人心和善道德观的深刻内涵。

张盈袖,吉林大学历史学博士,副研究馆员。主要从事古代书法、绘画研究。她认为,人们用笔墨来表达自己的内心和品格,用笔墨反映出传统哲学中"天人合一"

的思想。今日对这些作品的解读，可以让人们更深入地体会、感悟人与自然的"和合"之道。

王忠华，美术史论专业硕士，副研究馆员。主要从事以中国古代玉器为主的文物研究、展览策划与学术刊物编写工作。她通过解读"和合中国"展览"礼序乾坤　乐和天地"单元展陈的三组文物，阐述了中国古代礼乐文化所蕴含的"和合"思想，以及从自然现象的"音程之和"到人文观念的"和而不同"社会观的形成。

袁芳，鲁迅美术学院服装设计专业学士，沈阳师范大学美术与设计学院美术学硕士，馆员。主要从事中国古代服饰及纺织品研究，负责相关展览策划。她通过解读展览中第三部分的"民惟邦本　和合共生"和第四部分的"与古为新　美成在久"中的服章之美，以文物之美来展现中华民族独具特色的人文精神与观念，通过文物背后的故事来诠释中国古代"贵和尚中""物我协同""美美与共"的智慧。

马卉，辽宁大学考古学及博物馆学硕士，馆员。主要从事展览策划及馆藏文物与历史的研究，以汉唐时期文物研究为主。她通过对"和合中国"展览"交流互鉴　四海一家"单元展陈的两组90余件文物，对丝绸之路的开通、交流、互鉴，以及世界大同等内容的讲解，展现并解读中外交流中所蕴含的"和合"思想。

都惜青，吉林大学历史学硕士，副研究馆员。主要从事展览策划以及馆藏文物与历史的研究，以辽金元时期文物和珐琅器为主。她负责"和合中国"展览第三展厅"协和万邦"中景泰蓝部分的内容，简要介绍了景泰蓝的发展史，并从"和合"角度解读展品的选取，以及景泰蓝的纹饰所代表的内涵、寓意等。

在"和合中国"展览之前，策展团队中的所有人都独立做过策展人，策划实施过大小规模不同的展览。大家相聚于"和合中国"展览，初期千头万绪，但最终每个人都理解了主题，并抓住了核心要义，沿着总体框架不断丰富内容，最终完美呈现展览，在这个过程中"文章千古事，得失寸心知"。

后 记

　　"和合"，这是人与自然的和谐，这是人与人的和谐，这是人与社会的和谐，这也是"和合中国"展览的核心。展览的成功源于辽宁省博物馆近年来做大展的经验积累。"又见大唐""又见红山""山高水长——唐宋八大家主题文物展""龙城春秋——燕文化考古成果展""和合中国"，从讲述辽宁的地域文化渊源与人文精神面貌到展现中华民族优秀的精神文化内涵和社会发展的不懈追求，辽宁省博物馆立足馆藏文物资源，深入发掘文物的历史文化价值，将文物与文化、历史与社会、古代与当今融会贯通，用最生动、多样、时尚的展览语言与展览手段，为广大观众提供了了解辽宁、读懂中国的展览，将多元文化与思想融汇到中国的广袤大地，形成了具有新时代、新气象、新手段、新视角的博物馆展览。

　　好的展览做法需要总结，好的经验需要推广，他山之石可以攻玉，我们也需要向其他博物馆优秀的展览学习。中国博物馆协会组织编写"中国博物馆陈列展览精品·策展笔记"丛书，是一项非常有益、惠及学人的工作，组织天南地北的文博人共襄盛举不易，编书更不易，辽宁省博物馆的"和合中国"展览很荣幸入选参与编撰，这是对我们工作的肯定，也是对我们的鞭策与鼓励。

　　好的展览离不开优秀的内容设计团队，好的内容设计离不开辽宁省博物馆研究人员日积月累不断探索、不断深入的研究与展览实践。通过"和合中国"展览的实践，我们进一步锻炼了队伍，展览大纲由刘宁负责统稿，前言、结语主要由刘宁撰写，由王筱雯馆长修改把关，由王充闾先生修改润色。展览大纲的四个部分及各单元说明的撰稿分工如下：第一部分第一单元刘宁、第二单元张盈袖；第二部分第一单元么乃亮、第二单元张盈袖；第三部分第一单元王忠华、第二单元袁芳；第四部分第一单元马卉，第二单元都惜青、袁芳、王忠华。另外，配合展览进行的相关活动情况供稿人员分别为：讲解服务及社会教育活动为康宁、张莹，文创产品开发为杨静，媒体报道为何欣，相关报告及总结起草为魏雯等。还要特别感谢《辽宁日报》的记者朱忠鹤老师，近年来，他一直跟报辽宁省博物馆的展览，并基于自己的视角与看法，撰写了很多高质量的稿件，这也是本书的重要参考。本书正是在这些材料的基础上撰写编辑而成的，由刘宁主笔并统稿，王忠华、马卉参与了各章的编写。

　　在此，向所有在"和合中国"展览过程中付出过努力、提供过帮助的单位和领导及各位专家致以诚挚的感谢！尤其要感谢中国博物馆协会刘曙光理事长的大力倡导和积极推动，感谢浙江大学艺术与考古学院的毛若寒老师及各位专家对稿件提出的宝贵意见。

　　策展笔记是策展团队心路历程的复盘与思考，受编撰人员水平的限制，书中难免存在纰漏和不足，敬请诸位方家批评指正。